Die DDR-Staatssicherheit
Schild und Schwert der Partei

Jens Gieseke
unter Mitarbeit von Doris Hubert

Bundeszentrale für politische Bildung

Jens Gieseke (Text und Schriftquellen)
Dr. phil., geb. 1964 in Langenhagen
Studium der Geschichte, Politologie und Rechtswissen-
    schaften an den Universitäten Hannover und Potsdam
Seit 1993 wissenschaftlicher Mitarbeiter in der Abteilung
    Bildung und Forschung des Bundesbeauftragten für die
    Stasi-Unterlagen

Doris Hubert (Illustrationen und Chronik)
geb. 1950 in Helbra
Dipl.-Ingenieur für Automatisierungstechnik
Seit 1994 Mitarbeiterin in der Abteilung Bildung und For-
    schung des Bundesbeauftragten für die Stasi-Unterlagen

**Diese Publikation ist in der Abteilung Bildung und
Forschung des Bundesbeauftragten für die Unterlagen des Staatssicherheitsdienstes der ehemaligen
Deutschen Demokratischen Republik entstanden
und wurde in Kooperation mit der Bundeszentrale
für politische Bildung realisiert.**

Bonn 2000

© Bundeszentrale für politische Bildung
Redaktion: Rüdiger Thomas
Gestaltung: Michael Rechl

Satz und Lithografie: Werbeagentur Rechl, Wanfried-Aue
Druck: Mercedes-Druck GmbH, Berlin

ISBN 3-89331-402-4

Inhalt

1	„Ein spezielles Organ der Diktatur des Proletariats"	5
2	Vorläufer in der SBZ	9
3	Gründung und Aufbau	15
4	Vom 17. Juni 1953 bis zur Entstalinisierung	24
5	Der Ausbau zur Sicherheitsbürokratie	31
6	Inneres Abwehrorgan gegen Entspannung	40
7	Der entfaltete Apparat	56
8	Machtverfall und Auflösung	87
	Chronik	104
	Abkürzungen	118
	Literaturauswahl	119
	Bildnachweis	120

1 „Ein spezielles Organ der Diktatur des Proletariats"

„Schild und Schwert der Partei" – so nannte sich das Ministerium für Staatssicherheit (MfS). Die Partei, das war die Sozialistische Einheitspartei Deutschlands (SED), die in der DDR ein diktatorisches Machtmonopol errichtet hatte und es niemals wagte, sich freien Wahlen durch die Bevölkerung zu stellen. Die „Staatssicherheit", wie sie kurz genannt wurde, war der „erschreckendste und zugleich groteskeste Teil" des Herrschaftsapparates der SED und damit ein Eckpfeiler des Staates DDR.[1]

Die DDR-Staatssicherheit war ihrem Ursprung und ihrem wichtigsten Zweck nach eine Geheimpolizei, sie überwachte und bekämpfte Gegner der Parteidiktatur bzw. wen sie dafür hielt. Sie konnte diese selbst verhaften und in eigenen Untersuchungshaftanstalten gefangen halten, bis ihnen der Prozess gemacht wurde. Und sie trachtete danach, die gesamte Gesellschaft unter Kontrolle zu bringen. Zugleich war die Staatssicherheit einer der weltweit erfolgreichsten Nachrichtendienste für Spionage und Spionageabwehr. Im Laufe der Jahrzehnte wuchs der Apparat zu einer Großbürokratie mit einer Vielzahl weiterer Aufgaben: er schützte mit Leibwächtern die führenden DDR-Funktionäre und betrieb die Politbürosiedlung in Wandlitz; er stellte die Passkontrolleure an den Grenzübergängen und überwachte die Reiseströme zwischen Ost und West; er sicherte und betrieb geheimen Waffen- und Technologiehandel; er unterhielt schließlich sogar mit dem FC Dynamo Berlin einen Sportverein, der viele Male DDR-Fußballmeister wurde.

Das MfS sah sich als Teil des globalen Systemkonflikts zwischen Sozialismus und „Imperialismus", der sich auf deutschem Boden unter den Bedingungen der Zweistaatlichkeit abspielte. Daraus begründete die SED ihre Sicherheitslogik: innere gesellschaftliche Konflikte galten prinzipiell als durch westdeutsche oder andere „imperialistische" Geheimdienste und „Feind"-organisationen gesteuert. „Abwehr" und „Aufklärung" kooperierten entsprechend eng und verwischten die Grenzen zwischen nachrichtendienstlicher Tätigkeit und innerer Repression.

Das MfS stand unter der politischen Führung des Ersten bzw. Generalsekretärs des Zentralkomitees (ZK) der SED, also bis 1971 Walter Ulbricht, danach Erich Honecker (sowie im Herbst 1989 kurzzeitig Egon Krenz). Im Apparat des ZK war für die Staatssicherheit der Sekretär für Sicherheitsfragen zuständig, doch wichtiger war die direkte Achse zwischen Minister und Parteichef. Als „bewaffnetes Organ" war das Ministerium außerdem in die Sicherheitskommission der SED bzw. seit 1960 den Nationalen Verteidigungsrat eingebunden, deren Vorsitzende ebenfalls Ulbricht bzw. Honecker wa-

[1] Christoph Kleßmann: Zeitgeschichte in Deutschland nach dem Ende des Ost-West-Konflikts. Essen 1998, S. 39.

„Schild und Schwert der Partei": Die Insignien des Ministeriums für Staatssicherheit

Erich Mielke zum 25. Jahrestag der Bildung des Ministeriums für Staatssicherheit, 1975:

Mit dem MfS entstand ein spezielles Organ der Diktatur des Proletariats, das in der Lage ist und über alle Mittel verfügt, unter der Führung der SED gemeinsam mit den anderen staatlichen Organen und bewaffneten Kräften und in enger Verbundenheit mit den Werktätigen die Arbeiter-und-Bauern-Macht und die revolutionäre Entwicklung zuverlässig gegen jede konterrevolutionäre Tätigkeit äußerer und innerer Feinde der DDR zu schützen sowie die innere Sicherheit und Ordnung allseitig zu gewährleisten.

Der revolutionäre Prozess musste im harten Klassenkampf gegen Feinde durchgesetzt werden, die eine umfangreiche, gegen die DDR gerichtete subversive, konterrevolutionäre Tätigkeit entfalteten und mit äußerster Brutalität, mit gefährlichen Provokationen, bewaffneter Bandentätigkeit, Terror und Mordanschlägen vorgingen. (...)

Das MfS war von Anfang an vor die verantwortungsvolle Aufgabe gestellt, im Zusammenwirken mit den anderen Schutz- und Sicherheitsorganen die DDR vor allen feindlichen Anschlägen zu sichern, den Widerstand und die Restaurationsversuche der gestürzten Ausbeuterklasse kompromisslos zu zerschlagen, die gegen die DDR gerichteten Pläne, Absichten und Machenschaften des Imperialismus und der Feindzentralen umfassend aufzuklären und zu vereiteln, das sozialistische Aufbauwerk und das friedliche Leben der Bürger unserer Republik wirksam zu schützen.

Die konsequente Erfüllung dieser Aufgabe erforderte die Anwendung spezieller Mittel und Methoden bei der Bekämpfung der Feinde. Es war notwendig, offensiv in die Konspiration der Gegner einzudringen, ihre Absichten rechtzeitig zu erkennen, die feindlichen Pläne dort zu erkunden, wo sie geschmiedet werden, eine wirksame Abwehrarbeit zu gewährleisten und feindliche Kräfte im Innern aufzuspüren und unschädlich zu machen.

Erich Mielke: Mit hoher Verantwortung für den zuverlässigen Schutz des Sozialismus. In: Einheit, 30(1975)1, S. 43f.

Feliks Edmundowitsch Dzierzynski (1877–1926), geb. in Gut Dzierzynowo/Wilno, ab Dezember 1917 Vorsitzender der Tscheka, 1919 Volkskommissar für innere Angelegenheiten, 1924 Vorsitzender des Obersten Volkswirtschaftsrates, Wahl zum Kandidaten des Politbüros der KPdSU

ren. Im MfS gab es für die Mitarbeiter eigene Parteiorganisationen, geführt von einer zentralen Kreisleitung in Berlin, die direkt dem ZK unterstellt war.

Vorbild des Ministeriums für Staatssicherheit war die sowjetische Geheimpolizei, die die gerade an die Macht gekommenen Bolschewiki 1917 als „Außerordentliche Kommission zur Bekämpfung von Konterrevolution und Sabotage" (russisch abgekürzt „Tscheka") gegründet hatten. Ursprünglich als zeitweiliges Instrument im Kampf gegen Konterrevolutionäre gebildet, entwickelten sich die Tscheka und ihre Nachfolgerinnen (GPU, OGPU, NKWD, NKGB) unter Stalin zu Institutionen des gesellschaftlichen und innerparteilichen Massenterrors. Auch in den poststalinistischen Systemen sowjetischen Typs gehörten Staatssicherheitsdienste wie das MfS, entweder als eigenständige Apparate oder als Teile der Innenministerien, zu den konstitutiven Säulen der Herrschaftsordnung. Die MfS-Mitarbeiter bezeichneten sich im Geiste dieses revolutionären Mythos gerne als „Tschekisten". Porträts ihres Begründers Feliks E. Dzierzynski hingen in jeder Dienststelle. Der sowjetische KGB bzw. seine Vorläufer waren bis zuletzt in der DDR mit einem eigenen Apparat und im MfS mit einem Netz von Verbindungsoffizieren vertreten.

Die Zentrale des MfS-Apparates bildete das Ministerium in Berlin-Lichtenberg mit einem mehrere

Häuserblöcke umfassenden Gebäudekomplex. Doch die Staatssicherheit war mit zuletzt 15 Bezirksverwaltungen und 209 Kreisdienststellen auch vor Ort präsent. In den Bezirken und Kreisen lag die politische Anleitung wiederum jeweils beim Ersten SED-Parteisekretär. Außerdem verfügte das Ministerium über Objektdienststellen in wichtigen Betrieben und Einrichtungen, zum Beispiel beim Kombinat VEB Carl Zeiss Jena. Von 1951 bis 1982 bestand außerdem eine Objektverwaltung im sowjetisch-deutschen Uranabbaubetrieb Wismut. Die verschiedenen „Fach"-Zweige der Staatssicherheit waren grundsätzlich nach dem so genannten Linienprinzip organisiert, so bestand zum Beispiel die Linie „Sicherung der Volkswirtschaft" aus einer Hauptabteilung (HA) in der Berliner Zentrale sowie entsprechenden Abteilungen in allen Bezirksverwaltungen, die die gleiche Nummerierung trugen (HA bzw. Abt. XVIII).

Im Herbst 1989 hatte das Ministerium für Staatssicherheit eine Personalstärke von 91 015 hauptamtlichen Mitarbeitern erreicht und damit selbst die Sicherheitsdienste der anderen sozialistischen Staaten, gemessen an der Bevölkerungszahl, bei weitem überflügelt. Auf 1 000 DDR-Bürger kamen ca. 5,5 Mitarbeiter der Staatssicherheit – in der Sowjetunion waren es nur rund 1,8, in der ČSSR rund 1,1 Personen. Der Grund für diese beispiellose Größe des Überwachungsapparates lag vor allem in der

Wilhelm Zaisser über die Atmosphäre im MfS, 1953:

Es ist den Genossen, so wie sie hier sitzen, bekannt, dass für die Einstellung in das Ministerium für Staatssicherheit besondere Bedingungen bestanden und dass die Kandidaten, bevor sie in das Ministerium für Staatssicherheit eingestellt wurden, sorgfältig überprüft wurden. (...) Aus dieser Tatsache der besonderen Überprüfung heraus bildete sich bei den Mitarbeitern des Ministeriums für Staatssicherheit etwa folgende Einstellung heraus: Wir sind besonders überprüft. Wir sind besonders gute Genossen. Wir sind sozusagen die Genossen erster Kategorie!

Rede auf dem 15. Plenum des ZK der SED, 24.–26.7.1953; SAPMO-BArch, DY 30 IV 2/1/119, Bl. 190.

Traditionspflege im MfS: „Wandschmuck" einer Kreisdienststelle

„Hass" – eine Definition für die „politisch-operative" Arbeit, 1985:

Intensives und tiefes Gefühl, das wesentlich das Handeln von Menschen mitbestimmen kann. Er widerspiegelt immer gegensätzliche zwischenmenschliche Beziehungen und ist im gesellschaftlichen Leben der emotionale Ausdruck der unversöhnlichen Klassen- und Interessengegensätze zwischen der Arbeiterklasse und der Bourgeoisie (Klassenhass). Der moralische Inhalt des H. ist abhängig vom Gegenstand, auf den er gerichtet ist, und kann von daher wertvoll und erhaben oder kleinlich und niedrig sein. H. zielt immer auf die aktive Auseinandersetzung mit dem gehassten Gegner, begnügt sich nicht mit Abscheu oder Meidung, sondern ist oft mit dem Bedürfnis verbunden, ihn zu vernichten oder zu schädigen. H. ist ein wesentlicher bestimmender Bestandteil der tschekistischen Gefühle, eine der entscheidenden Grundlagen für den leidenschaftlichen und unversöhnlichen Kampf gegen den Feind. Seine Stärkung und Vertiefung in der Praxis des Klassenkampfes und an einem konkreten und realen Feindbild ist Aufgabe und Ziel der klassenmäßigen Erziehung. H. ist zugleich ein dauerhaftes und stark wirkendes Motiv für das Handeln. Er muss daher auch in der konspirativen Arbeit als Antrieb für schwierige operative Aufgaben bewusst eingesetzt und gestärkt werden.

In: Siegfried Suckut (Hrsg.): Das Wörterbuch der Staatssicherheit. Definitionen zur „politisch-operativen Arbeit". Berlin 1996 (Ch. Links Verlag), S. 168.

Treffen in Rostock 1946: Wilhelm Pieck (vorn), Stadtkommandant Prjadko (1. von rechts) und der Leiter der Rostocker Polizei, Alfred Scholz (2. von rechts). Scholz war später einer der engsten Mitarbeiter Erich Mielkes. Bis 1956 leitete er die berüchtigte Untersuchungsabteilung des MfS; von 1975 bis 1978 war er einer der stellvertretenden Minister.

besonderen Gefahrenlage, in der sich der „Sozialismus in einem halben Lande" an der Nahtstelle des Ost-West-Konflikts sah.

Die MfS-Mitarbeiter waren zu rund 84 Prozent Männer und fast alle Mitglieder der SED. Sie standen in einem militärischen Dienst- und Disziplinarverhältnis als Berufssoldaten (von wenigen Zivilbeschäftigten abgesehen) und pflegten den Korpsgeist einer geheimpolizeilichen Elitetruppe.

Ebenso eindrucksvoll wie der Umfang des hauptamtlichen Apparates sind die geheimpolizeilichen Instrumente.
- Als „Hauptwaffe im Kampf gegen den Feind"[2] hatte das MfS zuletzt rund 175 000 inoffizielle Mitarbeiter verpflichtet. Diese hielten in ihrem Lebensumfeld Augen und Ohren offen, erfüllten konkrete Aufträge ihrer Führungsoffiziere oder stellten ihre Wohnungen für Treffs oder Observationen zur Verfügung.
- Ebenso wichtig waren die „offiziellen" Einfluss- und Auskunftswege über den SED-Parteiapparat, die Volkspolizei, die Verwaltungen im Staats- und Wirtschaftsapparat, Kaderabteilungen, Wehrkreiskommandos, Massenorganisationen usw.
- Hinzu kam die geheimdienstliche „Rundum-Überwachung" mit Wanzen und Kameras, Telefon-, Funk- und Postkontrolle, Wohnungs- und Arbeitsplatzdurchsuchungen und Beschattung. Das MfS nahm sogar heimlich Geruchsproben vermeintlicher Oppositioneller oder markierte Gegenstände mit radioaktiven Substanzen.
- Schließlich konnte das MfS Personen, die es im Visier hatte, verhaften oder zur „Klärung eines Sachverhalts" vorladen, um von ihnen Aussagen zu bekommen, sie einzuschüchtern oder anzuwerben.

Zugleich bereitete sich das MfS, hauptsächlich für den Kriegs- oder inneren Spannungsfall, auf die Anwendung anderer Methoden vor. Unter anderem hielt es speziell ausgebildete Kampftrupps für Terror- und Sabotageakte im feindlichen Hinterland bereit und traf Vorkehrungen, um im Ernstfall „feindlich-negative" DDR-Bürger in Isolierungslager zu sperren.

[2] Richtlinie 1/79 für die Arbeit mit Inoffiziellen Mitarbeitern (IM) und Gesellschaftlichen Mitarbeitern für Sicherheit (GMS). In: Helmut Müller-Enbergs (Hrsg.): Inoffizielle Mitarbeiter des Ministeriums für Staatssicherheit. Richtlinien und Durchführungsbestimmungen. Berlin 1996, S. 305.

2 Vorläufer in der SBZ

In den knapp fünf Jahren vor der offiziellen Bildung des Ministeriums für Staatssicherheit am 8. Februar 1950 hatten die sowjetische Besatzungsmacht und die KPD/SED bereits in mehreren Etappen einen polizeistaatlichen Apparat in der Sowjetischen Besatzungszone (SBZ) bzw. der 1949 gegründeten DDR aufgebaut.

Die sowjetischen Volkskommissariate bzw. die Ministerien für Inneres und für Staatssicherheit (NKWD/NKGB bzw. MWD/MGB) installierten zunächst eigene umfangreiche Apparate in der SBZ. Sie standen unter der Leitung der Generalobersten Iwan A. Serow, ab 1946 Nikolai K. Kowaltschuk, die beide später zu Chefs der sowjetischen Staatssicherheit aufstiegen. Im Januar 1946 waren etwa 2200 NKWD- und 400 NKGB-Mitarbeiter sowie neun Schützenregimenter der inneren Truppen mit rund 15 000 Mann in der SBZ stationiert.

Dem NKWD unterstanden unter anderem zehn so genannte Speziallager, in denen von 1945 bis 1950 ca. 154 000 Deutsche und 35 000 Ausländer interniert waren. Jeder Dritte von ihnen starb in der Haft, meist an Hunger oder Seuchen.

Die sowjetischen Sicherheitsorgane begannen direkt nach der Besetzung Deutschlands, aus Gruppen deutscher Kommunisten, zumeist ehemaliger Partisanen, Kommissariate für politische Kriminalität in den lokalen Polizeidienststellen zu bilden. Mit dem Aufbau von Landespolizeien schufen diese dann 1945/46 erste Strukturen einer überörtlichen

Gräberfelder am Gelände des ehemaligen NKWD-Speziallagers Nr. 2, Aufnahme von 1995

Der Chef der sowjetischen Militäradministration in Thüringen, I. Kolesnitschenko, setzt sich in Moskau für die Verhafteten ein, 29. November 1948:

In Deutschland bestand seit langem, im übrigen auch unter dem Faschismus, die Regel, dass bei der Verhaftung eines Bürgers wegen eines kriminellen oder politischen Verbrechens die Angehörigen und Einrichtungen, die sich für das Schicksal des Verhafteten interessieren, unterrichtet wurden. Man ließ Angehörige zu einem Besuch zu den Verhafteten, man ließ Geistliche zu Gebeten und Beichten zu ihnen usw. Sogar unter dem Faschismus hat man, wenn der Verhaftete zum Tode verurteilt wurde, ihm zwar den Kopf abgeschlagen, aber seinen Leichnam den Angehörigen zum Begräbnis übergeben. (...)

An diese Ordnung haben sich die Deutschen so sehr gewöhnt, dass sie sie mit dem Begriff der „Freiheit der Persönlichkeit" verbinden. Diese „Freiheit der Persönlichkeit" sehen sie darin, dass eine Verhaftung nur bei Vorliegen der Genehmigung eines Richters, der über den Beweis für die Schuld des Verhafteten verfügt, vorgenommen wird, dass der Ver-

haftete immer das Recht auf einen Anwalt hat (...). Unsere sowjetischen Sicherheitsorgane hingegen führen den Kampf gegen politische Verbrecher mit völlig anderen Methoden. Ich spreche gar nicht über 1945, wo wir eine derartige Willkür zuließen, dass man unter einige Fälle auch heute noch keinen Schlussstrich ziehen kann; doch auch jetzt [noch] ruft bei der deutschen Bevölkerung das „Verschwinden" von Menschen aufgrund der Tätigkeit unserer Operativen Sektoren größte Unzufriedenheit hervor und liefert allen feindlichen Elementen Munition für antisowjetische Propaganda.

Am populärsten ist die Behauptung der Deutschen, dass in unserer Zone keine „Freiheit der Persönlichkeit" besteht. (...) Diese Auffassung (...) wird nicht nur unter den Deutschen der Westzonen, sondern auch unter den Deutschen unserer Zone kultiviert, und zwar in allen Schichten, darunter auch in Kreisen von SED-Mitgliedern.

In: Bernd Bonwetsch/Gennadij Bordjugov/Norman M. Naimark (Hrsg.): Sowjetische Politik in der SBZ 1945–1949. Dokumente zur Tätigkeit der Propagandaverwaltung (Informationsverwaltung) der SMAD unter Sergej Tjulpanow. (Archiv für Sozialgeschichte, Beiheft 20), Bonn 1998 (Verlag J. H. W. Dietz), S. 183–198, hier 193f.

Briefwechsel über die Auflösung der Speziallager zwischen Wassili I. Tschuikow und Walter Ulbricht in: „Neues Deutschland" vom 17. Januar 1950, S.1

politischen Polizei. Die im August 1946 in der SBZ gegründete Deutsche Verwaltung des Innern (DVdI) vereinheitlichte die politische Polizei: Als Teil der Kriminalpolizei firmierte sie fortan unter

der Bezeichnung K 5. In das Ressort der K 5 fielen bereits die späteren geheimpolizeilichen Aufgaben des MfS: Verfolgung von Attentaten, Sabotageakten, Verstößen gegen die Befehle der Sowjetischen

Auflösung der Internierungslager

Ein Briefwechsel zwischen dem Vorsitzenden der Sowjetischen Kontrollkommission in Deutschland und der Provisorischen Regierung der Deutschen Demokratischen Republik

Berlin (Eig. Ber.). Zwischen Armeegeneral W. Tschujkow, Vorsitzendem der Sowjetischen Kontrollkommission in Deutschland, und dem stellvertretenden Ministerpräsidenten Walter Ulbricht, fand folgender Briefwechsel statt:

Berlin, den 14. Januar 1950

Geehrter Herr Ulbricht!

Ich habe die Ehre, Ihnen mitzuteilen, daß laut Beschluß der Regierung der UdSSR alle Internierungslager, die unter Kontrolle der sowjetischen Behörden in Deutschland standen — Buchenwald, Sachsenhausen und Bautzen —, liquidiert werden.

In bezug auf Personen, die laut Direktiven des Kontrollrates in den obenerwähnten Lagern interniert sind, sowie Personen, die für die von ihnen begangenen Verbrechen verurteilt worden sind, werden folgende Maßnahmen durchgeführt:

Aus den Lagern werden 15 038 Personen entlassen, einschließlich der 5504 Personen, die früher von Kriegstribunalen zu verschiedenen Strafen verurteilt wurden.

Dem Ministerium des Innern werden 3432 Internierte übergeben zur Untersuchung ihrer verbrecherischen Tätigkeit und Aburteilung durch das Gericht der Deutschen Demokratischen Republik. Ebenso werden dem Innenministerium der Deutschen Demokratischen Republik 10 513 Verhaftete zur Verbüßung ihrer Strafen übergeben, die für die von ihnen begangenen Verbrechen von Kriegstribunalen ausgesprochen worden sind.

In den Händen der sowjetischen Behörden verbleiben 649 Verbrecher, die besonders große, gegen die Sowjetunion gerichtete Verbrechen begangen haben.

Die Gebäude und Einrichtungen des Gefängnisses und des Lagers Bautzen werden dem Ministerium des Innern zur Verfügung gestellt. Die Gebäude der Lager Buchenwald und Sachsenhausen werden den Sowjetischen Besatzungstruppen in Deutschland für wirtschaftliche und andere Hilfsdienste zur Verfügung gestellt.

Aufrichtigst Ihr
W. Tschujkow, Armeegeneral

An den
Vorsitzenden der Sowjetischen Kontrollkommission
Herrn Armeegeneral Tschujkow
Berlin

Sehr geehrter Herr Armeegeneral!

Im Namen der Provisorischen Regierung der Deutschen Demokratischen Republik danke ich Ihnen für Ihre Mitteilung vom 14. Januar d. J. über die Auflösung der Internierungslager. Die von Ihnen vorgeschlagenen Maßnahmen finden die volle Zustimmung der Regierung der Deutschen Demokratischen Republik.

Ich habe den Innenminister der Deutschen Demokratischen Republik, Herrn Dr. Steinhoff, ersucht, dafür Sorge zu tragen, daß den aus den Internierungslagern Entlassenen bei der Beschaffung von Arbeit und Unterkunft geholfen wird.

Die von den Kriegstribunalen verurteilten Verbrecher werden vom Ministerium des Innern übernommen zum Zwecke der Verbüßung ihrer gerechten Strafe.

W. Ulbricht
Stellvertreter des Ministerpräsidenten

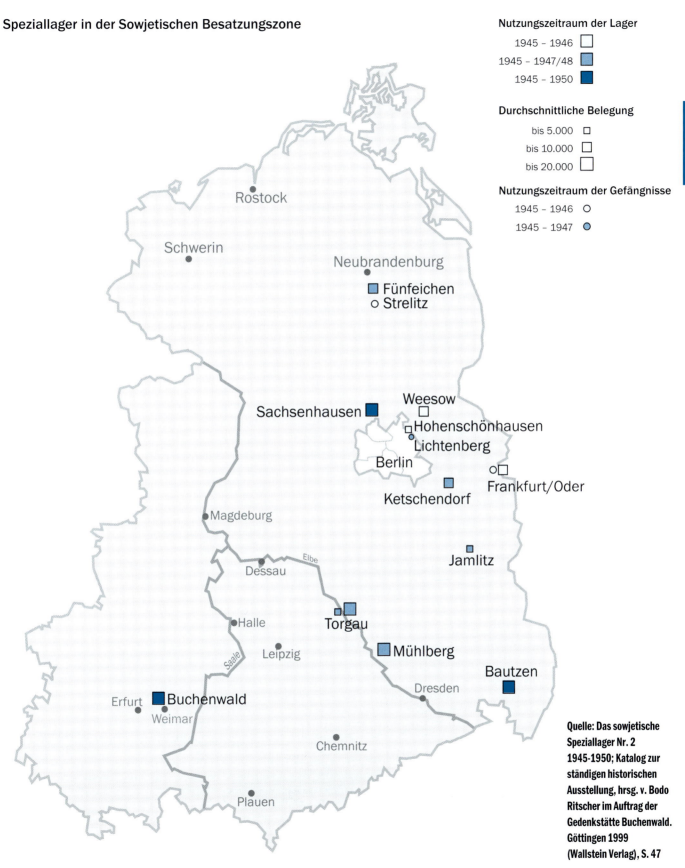

Kapitel 2 Vorläufer in der SBZ

Aufruf
zum Befehl Nr. 201

des Oberſten Chefs der Sowjetiſchen Militär-
verwaltung – Oberkommandierenden der ſowjetiſchen
Beſaßungstruppen in Deutſchland.

Die geſamte Bevölkerung des Kreiſes Ballenſtedt, insbeſondere die demo-
kratiſchen Parteien und Organiſationen, werden nochmals aufgefordert,
alle vorhandenen Unterlagen und Dokumente, die zur Feſtſtellung und
Namhaftmachung aller

Naziaktiviſten, Naziführer, Naziverbrecher,
Kriegsverbrecher, Reaktionären,
Militariſten, Kriegsgewinnler

führen, der Entnazifizierungs-Kommiſſion des Kreiſes Ballenſtedt einzu-
reichen.

Wegen der Nichtablieferung von Unterlagen und Dokumenten wird an
dieſer Stelle nochmals ausdrücklichſt auf die Bekanntmachung des Innen-
miniſters (Geſetzblatt Nr. 22 Teil II vom 15. 10. 47) hingewieſen.

Nominelle Pg's werden vor keine Entnazifizierungs-Kommiſſion geladen;
ſie genießen automatiſch die Vorteile des Befehls 201.

Die Sißungen der Entnazifizierungs-Kommiſſion ſind **öffentlich**; die
Bevölkerung wird nochmals aufgefordert, an den Sißungen teilzunehmen.

Ballenſtedt, den 15. November 1947.

Die Entnazifizierungs-Kommiſſion
des Kreiſes Ballenſtedt

Militäradministration, Sabotage am Aufbau, Sprengstoff- und Waffenvergehen, Weiterführung von NS-Organisationen, falschen Angaben von ehemaligen NSDAP-Mitgliedern, Verbrechen gegen die Menschlichkeit, „Entfernung und Beschmutzung demokratischer Propaganda", Verbreitung von Gerüchten und Parolen und sonstigen Verstößen gegen den Neuaufbau.[1]

Die Einheiten der K 5 fungierten in erster Linie als Hilfsorgane der MGB-Operativgruppen, die vermeintliche oder tatsächliche NS-Aktivisten sowie Gegner der von den Kommunisten und der Besatzungsmacht betriebenen Transformationspolitik (Sozialdemokraten, Politiker bürgerlicher Parteien) willkürlich verhafteten.

[1] Straftatenklasse 5 der Grundeinteilung der Straftaten, o. D. [1947]; BAP, DO 1/7/355, Bl. 210–219, hier 219.

Ab 1947 erhielt die K 5 erweiterte Kompetenzen und mehr Personal: Für die Entnazifizierung nach SMAD-Befehl 201 sollte sie in eigener Regie ermitteln. In Sachsen zum Beispiel stieg die Zahl der K5-Mitarbeiter von etwa 160 (1946) auf fast 700 im April 1948.

Die K 5 war, mehr noch als andere Teile der Volkspolizei, eine absolute Domäne der kommunistischen Kaderpolitik. Sämtliche Spitzenpositionen waren mit langjährigen KPD-Mitgliedern, vor allem Vertrauten der Sowjetmacht und ehemaligen KZ-Häftlingen, besetzt. Nach einigem Drängen der

---

Am 18. Dezember 1948 unterbreiten Pieck, Grotewohl und Ulbricht in Moskau Stalin Vorschläge für eine eigene Geheimpolizei:

Wie kann die staatliche Sicherheit gefestigt werden?

Die Kriminalpolizei ist zu säubern und besser zu schulen.

Die bisherige K 5 wird aufgelöst. Es wird unter direkter Kontrolle der sowjetischen Besatzungsorgane und des Präsidenten der Verwaltung des Innern eine „Hauptabteilung zum Schutze der Wirtschaft und der demokratischen Ordnung" geschaffen. Zu ihren Aufgaben gehörten Abwehr von Sabotage (Brandstiftungen, Zerstörung von Werksanlagen und andere Sabotageakte am Volkseigentum), Attentate und sonstige Verbrechen, Sprengstoff- und Waffenvergehen, Bekämpfung illegaler Organisationen, sowie Kampf gegen antidemokratische Tätigkeit. Etatmäßig gehört diese Hauptabteilung zur Kriminalpolizei. Tatsächlich arbeitet sie selbstständig unter direkter Leitung der sowjetischen Besatzungsorgane, sowie des Präsidenten der DVdI und des Chefs der Landespolizei.

In den Betrieben werden Beauftragte für Sabotageabwehr geschaffen. Der Beauftragte für Sabotageabwehr im Betrieb untersteht direkt dem Leiter der Hauptabteilung zum Schutze der Wirtschaft und der demokratischen Ordnung im Kreis.

Als Kader für diese Hauptverwaltung werden verwendet: überprüfte und bewährte Funktionäre, die bisher in der Kriminalpolizei tätig waren, sowie Parteifunktionäre, die eine Parteischule besucht haben und eine zusätzliche Spezialausbildung für die Abwehrtätigkeit erhalten. Bei der höheren Polizeischule wird eine Fakultät für die Ausbildung dieser Kader geschaffen.

In: Rolf Badstübner/Wilfried Loth (Hrsg.): Wilhelm Pieck – Aufzeichnungen zur Deutschlandpolitik 1945–1953. Berlin 1994 (Akademie Verlag), S. 252.

Kapitel 2 Vorläufer in der SBZ

```
Warnmeldungen - RIAS - vom 12.11.1949

Achtung Leipzig
Polizeirat G_____, Verbindungsmann des Leipziger Polizei-
präsidiums der NKWD, ist der Sohn eines hohen Beamten der Abt.K5
bei der Landesregierung Sachsen und hat zahlreiche Fälle, die
erst deutsche Fälle waren, den Russen in die Hände gespielt.




31.1.1950

Achtung Brandenburg:


_____ G_____, _____, Kriminalkommissar und Leiter der
Abt. K5.  Führt laufend Aufträge der NKWD aus und wird in vie-
len Fällen auch dafür bezahlt.
ein gewisser K___, Angestellter bei der Abt. K5, jetzt Lehrer
auf einer Polizeischule in der Mark Brandenburg.  Ging bei der
NKWD in der Neuendorferstr, Zimmer 101 und 201 ein und aus. In
diesen Zimmern wurden nächtliche Vernehmungen durchgeführt.
```

Das MfS protokolliert Meldungen des Westberliner Radiosenders RIAS, in denen vor Mitarbeitern der K 5 und des MfS gewarnt wird. Quelle: BStU, ZA, AS 522/66, Bl. 2 und 9.

13

SED-Parteiführung gab Stalin mit einem Politbürobeschluss der KPdSU am 28. Dezember 1948 den Startschuss für den Aufbau einer eigenständigen Geheimpolizei in der SBZ. Walter Ulbricht, Wilhelm Pieck und Otto Grotewohl setzten sich damit gegen die Einwände des sowjetischen Ministers für Staatssicherheit, Viktor S. Abakumow, durch, der wegen der öffentlichen Wirkung auf die Westalliierten sowie wegen des Mangels an überprüften deutschen Kadern dafür plädiert hatte, den „Kampf gegen antisowjetische Elemente und Spione" in der SBZ weiterhin in sowjetischer Hand zu belassen.

Im Mai 1949 wurde die K 5 von der übrigen Kriminalpolizei abgetrennt. Mit dem Aufbau des neuen Apparats war Erich Mielke betraut, der sich als Vizepräsident der DVdI bislang um Personalfragen und die politische Ausrichtung der Polizei gekümmert hatte. Seit der Bildung der DDR-Regierung im Oktober 1949 nannte der Apparat sich zunächst „Hauptverwaltung zum Schutz der Volkswirtschaft" im Ministerium des Innern; in den Ländern der SBZ gab es ebenfalls entsprechende Verwaltungen. Im Februar 1950 erhielt er schließlich seinen endgültigen Status als eigenständiges Ministerium.

Von den knapp 1 600 Mitarbeitern (Juni 1949) der K 5 wechselten aufgrund der strengen Überprüfungen durch sowjetische Geheimdienstoffiziere nur etwa zehn Prozent zur Staatssicherheit. Hinzu kamen seit der zweiten Jahreshälfte 1949 politisch zuverlässige Kader aus allen Zweigen der Volkspolizei sowie dem Parteiapparat.

Neben der K 5 gab es in der SBZ weitere Vorläufer des MfS, wie zum Beispiel Teile der „Ämter zum Schutz des Volkseigentums" und SED-eigene Geheimapparate, die allerdings nicht direkt 1950 in das neugegründete Ministerium für Staatssicherheit eingingen.

Der spätere MfS-Generalmajor Joseph Gutsche über die Anfänge der Staatssicherheit in Sachsen:

Im April 1949 kam eines Tages der Genosse Erich Mielke nach Dresden und fragte mich, ob ich mitmache? Ich sagte ihm, dass ich doch wissen müsse wobei. Darauf sagte er, dass ich das bald erfahren würde, wenn ich meine Zusage gegeben hätte, jeden Parteiauftrag zu erfüllen. Worauf ich ihm antwortete, dass das selbstverständlich sei, wie ja mein ganzes Leben beweise. Darauf erzählte er mir, dass das, was jetzt in der Kriminalpolizei die K 5 ist, ein selbständiges Organ werden würde, welches ausschließlich mit den Fragen der Sicherheit des Staates sich befassen würde. (...) So wurde ich am 1.5.1949 der Gründer, Leiter und Organisator der Staatssicherheit im Lande Sachsen, wo ich jeden Mitarbeiter, jedes Haus, jeden Wagen selbst heranschaffen musste.

„Auszüge aus Tonbandabschriften der Erinnerungen Josef Gutsches vom 23.7.1962" [Erinnerungsarchiv des Zentralen Parteiarchivs der SED]; BStU, ZA, HA IX/11, SV 295/87, Bl. 19.

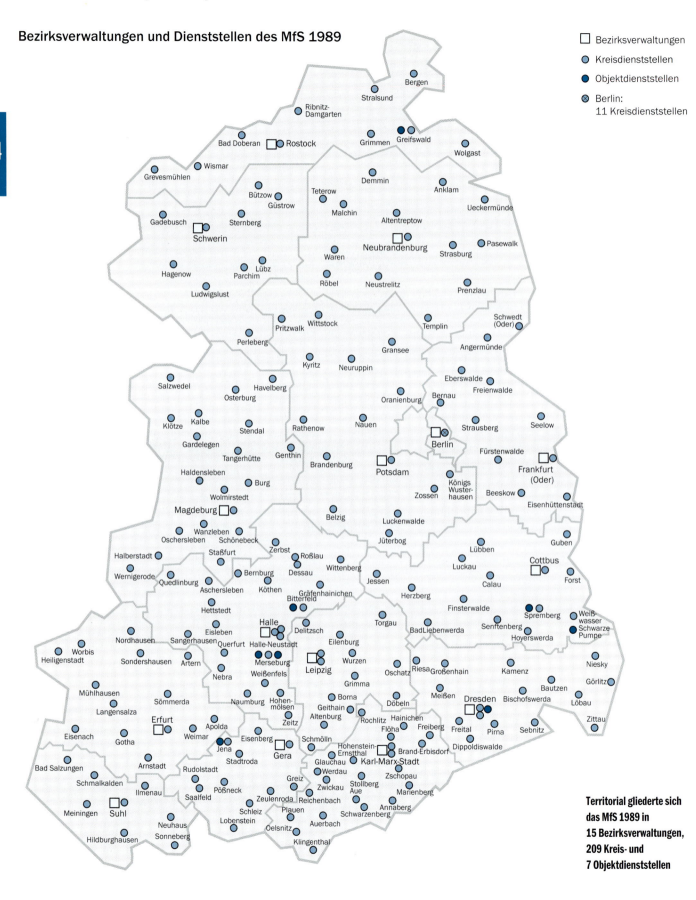

3 Gründung und Aufbau

Am 8. Februar 1950 verabschiedete die DDR-Volkskammer einstimmig das „Gesetz über die Bildung eines Ministeriums für Staatssicherheit". Dieser Entscheidung ging Ende Januar ein entsprechender Beschluss des SED-Politbüros voraus. Der stellvertretende Ministerpräsident Walter Ulbricht berief am 16. Februar 1950 Wilhelm Zaisser zum Minister für Staatssicherheit und Erich Mielke zum Staatssekretär. Zaisser wurde zugleich in den Parteivorstand und in das Politbüro der SED kooptiert.

Innenminister Karl Steinhoff (SED) vor der DDR-Volkskammer, 8. Februar 1950:

Die hauptsächlichsten Aufgaben dieses Ministeriums werden sein, die volkseigenen Betriebe und Werke, das Verkehrswesen und die volkseigenen Güter vor Anschlägen verbrecherischer Elemente sowie gegen alle Angriffe zu schützen, einen entschiedenen Kampf gegen die Tätigkeit feindlicher Agenturen, Diversanten, Saboteure und Spione zu führen, einen energischen Kampf gegen Banditen zu führen, unsere demokratische Entwicklung zu schützen und unserer demokratischen Friedenswirtschaft eine ungestörte Erfüllung der Wirtschaftspläne zu sichern.

Provisorische Volkskammer, Protokoll der 10. Sitzung am 8. Februar 1950, S. 213.

Eine Kontrolle durch Parlament oder Ministerrat war nicht vorgesehen; das Ministerium handelte, wie es der stellvertretende Ministerpräsident Otto Nuschke (CDU) 1952 ausdrückte, als „Behörde eigener Verantwortung".[1]

Faktisch hielten bei der DDR-Staatssicherheit MGB-Offiziere alle Fäden in der Hand. Jedem Leiter einer Diensteinheit war ein sowjetischer Instrukteur zur Seite gestellt. In wichtigen Fällen zogen die sowjetischen Organe die Verfahren an sich. So übernahmen sie etwa einen Mitarbeiter des Untersuchungsausschusses Freiheitlicher Juristen, Walter Linse, den das MfS 1952 gewaltsam aus Westberlin verschleppt hatte. 1953 verurteilte ihn ein sowjetisches Militärtribunal zum Tode. Zugleich folgte das

Wilhelm Zaisser (links) war von 1950 bis 1953 Minister für Staatssicherheit, rechts sein Staatssekretär und Stellvertreter Erich Mielke.

Wilhelm Zaisser (1893–1958), geb. in Rotthausen/Ruhr, 1919 KPD, 1924 Militärpolitischer Lehrgang in Moskau, seit 1927 sowjetischer Agent, 1932 KPdSU(B), General der Interbrigaden im Spanischen Bürgerkrieg, danach in Moskau. 1947 Polizeichef in Sachsen-Anhalt, 1949 Leiter der Hauptverwaltung Ausbildung des MdI; 1950 Minister für Staatssicherheit. Nach seinem Sturz 1953 als Übersetzer tätig.

Erich Mielke (1907–2000), geb. in Berlin-Wedding, 1927 KPD, 1931 nach der Ermordung zweier Polizisten Flucht in die UdSSR, im Spanischen Bürgerkrieg Stabsoffizier in den Interbrigaden, während des 2. Weltkriegs in Belgien und Frankreich, 1945 Leiter einer Berliner Polizeiinspektion, 1946 Abteilungsleiter Polizei/Justiz beim KPD/SED-Parteivorstand; dann Vizepräsident der DVdI, 1949 Leiter der Hauptverwaltung zum Schutz der Volkswirtschaft des MdI, 1950 Staatssekretär im MfS, 1957–1989 Minister für Staatssicherheit.

[1] Die Volkskammer-Delegierten vor der Presse. In: SBZ-Archiv, 3 (1952)18, S. 275.

Kapitel 3 Gründung und Aufbau

Walter Linse (1903–1953) vor seiner Entführung und im Moskauer Staatssicherheitsgefängnis Lubjanka – eines seiner letzten Lebenszeichen. Der aus dem Osten geflohene Dr. Walter Linse war Mitarbeiter des Untersuchungsausschusses Freiheitlicher Juristen in West-Berlin, der Rechtsbrüche in der DDR anprangerte. Das MfS ließ ihn von vier Westberliner Kriminellen am 8. Juli 1952 nach Ost-Berlin verschleppen. Mit zwei Schüssen in die Beine brachen sie seinen Widerstand. Ein sowjetisches Militärtribunal verurteilte ihn am 23. September 1953 wegen „Spionage", „antisowjetischer Propaganda" und „Bildung einer antisowjetischen Organisation" zum Tode und ließ ihn am 15. Dezember des Jahres in Moskau hinrichten. Sein Schicksal konnte erst 1996 vollständig geklärt werden, als die russische Staatsanwaltschaft ihn rehabilitierte.

Paul Merker (im Vordergrund links) als Mitglied einer SED-Delegation bei der Einweihung des sowjetischen Ehrenmals in Treptow im Mai 1949. Neben ihm der spätere Ministerpräsident der DDR Otto Grotewohl.

MfS dem Willen der SED-Parteispitze. Im Politbüro war Zaisser selbst für die Staatssicherheit zuständig. Zwischen ZK-Apparat und der Parteiorganisation im MfS bestand nur eine lose Verbindung.

Grundsätzlich sollte das MfS in allen gesellschaftlichen Bereichen, in der Wirtschaft und Landwirtschaft, dem politischen System mit seinen staatlichen Institutionen, Parteien und Massenorganisationen, in den Religionsgemeinschaften usw. vermeintliche oder tatsächliche Gegner der Transformation zur Volksdemokratie nach sowjetischem Vorbild aufspüren und dingfest machen. Während der stalinistischen Parteisäuberungen in den frühen fünfziger Jahren führte das MfS zudem gemeinsam mit der Zentralen Parteikontrollkommission (ZPKK) Untersuchungen gegen „parteifeindliche Elemente" wie angebliche Trotzkisten und Titoisten. Zu den prominentesten Opfern gehörten der stellvertretende Vorsitzende der westdeutschen KPD, Kurt Müller, und Reichsbahndirektor Wilhelm Kreikemeyer, der auf ungeklärte Weise in der MfS-Untersuchungshaft den Tod fand.

Sogar der Spitzenfunktionär Paul Merker, Politbüromitglied seit 1927, wurde 1950 aus der SED ausgeschlossen und 1952 vom MfS verhaftet. Er sollte wegen seiner Kontakte zu dem angeblichen US-Spion Noel Field zunächst als Hauptangeklagter für einen Schauprozeß aufgebaut werden. 1955 wurde er zu acht Jahren Zuchthaus verurteilt. Im Juli 1956 sprach das Gericht ihn frei – eine Folge des politischen Tauwetters.

Richard J. Zatka über seine Verhaftung:

Am 23. Februar 1950 in Senftenberg durch VP-Bahnpolizei verhaftet.

Wie ich später erfahren habe, war ich zur Fahndung ausgeschrieben – fünfzackiger Stern im Fahndungsbuch – Spionage. In Hohenschönhausen Januar 1951 bis Oktober/November 1951 = ca. 10 Monate.

Das war nicht allzu schwer zu erraten, Decke über den Kopf, ganz strenger Empfang, das konnte nur SSD sein, denn mit der „normalen" Polizei hatte ich sowieso nichts zu tun.

Der erste Eindruck war natürlich katastrophal; wie schon erwähnt, wurde ich aus dem Lieferwagen gestoßen, mit der Decke über den Kopf bis in eine Einzelzelle in einem Kellergewölbe geführt, besser gezerrt.

Es handelte sich um eine größere Zelle ohne Tageslicht, lediglich eine Art Luftloch an der oberen Wandhälfte, außerdem war eine feste Holzpritsche – ohne Matratze – und ein Notdurfteimer.

Ich verstehe unter dem Wort „Isolierhaft" nicht die Einzelhaft, in der ich meistens war, sondern eine kleine Zelle – ca. 1 qm –, und in diese kam ich auf Veranlassung der sowjetischen Berater, weil ich nicht die „Wahrheit" sagte.

An einen Verteidiger war überhaupt nicht zu denken. Ich bin niemals einem U- bzw. Haftrichter vorgeführt worden.

Ich bin außer der ersten Vernehmung im Februar '50 in Potsdam und einer weiteren ca. im Oktober '50 (durch den späteren Stasi-General Hans Fruck) und dem Abschlussprotokoll irgendwann im Oktober '51 nicht von Deutschen vernommen worden, sondern ausschließlich von Sowjets.

In: Zeitzeugen. Inhaftiert in Berlin-Hohenschönhausen, 3. Auflage Berlin 1998 (Gedenkstätte Berlin-Hohenschönhausen), S. 14.

Die Hauptmethode der Staatssicherheit in dieser Phase „terroristisch-administrativer Machtgewinnung und -sicherung"[2] bestand in willkürlichen Verhaftungen und Geständniserpressungen durch nächtliche Dauerverhöre und andere Foltermethoden.

Es war das Ziel der Untersuchungsverfahren, die angebliche Agententätigkeit der Verhafteten für westliche Geheimdienste und Untergrundorganisationen wie die Kampfgruppe gegen Unmenschlichkeit, den Bund Deutscher Jugend oder die Ostbüros westdeutscher Parteien und des Deutschen

Kapitel 3 Gründung und Aufbau

Das MfS verhaftete auch die Ehefrau eines inhaftierten SED-Funktionärs und ihre Schwester. Ihr Vater appellierte an DDR-Präsident Pieck. Antwort erhielt er nicht. Quelle: BStU, ZA, AU 541/53, Bd. 2, Bl. 84

Berlin-Spandau, den 20. Okt. 1950

An den
Herrn Staatspräsidenten der Deutschen Demokratischen Republik
Wilhelm P i e c k
Berlin - Hohenschönhausen.

Meine beiden Töchter, ████████████████████████ und
████████████ sind am 26.8.50. von SSD-Beamten in Friedrich-
roda/Thür. festgenommen worden. Nach Lage der Dinge haben meine
Töchter nichts gegen die SED unternommen, was eine Inhaftierung
rechtfertigen oder was zu einer Anklageerhebung führen könnte,
ganz abgesehen davon, dass durch kein Recht der Welt sich eine
derartige Behandlung von Menschen begründen liesse. Eine Nachricht
über den Verbleib meiner Töchter haben wir bis heute auch noch
nicht erhalten. Wir konnten somit auch meiner Tochter ████████
bisher nichts über ihr kleines Söhnchen, das knapp 4 Monate alt
ist, mitteilen, von dessen Verbleib und Ergehen sie wahrscheinlich
garnichts weiss. Diese Handlungsweise Jhrer Behörden können wir
nicht fassen, zumal auch beide Töchter krank sind. ████████ ist
lungenkrank und hat eine schwere Geburt hinter sich. ████ leidet
an einer langwierigen Schilddrüsenerkrankung.

Herr Staatspräsident, veranlassen Sie die unverzügliche Freilassung
meiner beiden Töchter,

██
██

da wir anderenfalls genötigt sein würden, die Öffentlichkeit auf
dieses zum Himmel schreiende Unrecht in der geeigneten Form aufmerksam zu machen.

[2] Jan Foitzik: Die stalinistischen „Säuberungen" in den ostmitteleuropäischen kommunistischen Parteien. Ein vergleichender Überblick. In: Hermann Weber/Dietrich Staritz (Hrsg.): Kommunisten verfolgen Kommunisten. Stalinistischer Terror und „Säuberungen" in den kommunistischen Parteien Europas seit den dreißiger Jahren. Berlin 1993, S. 423.

Zelle im sogenannten U-Boot im Keller der MfS-Haftanstalt Berlin-Hohenschönhausen

Ein MfS-Häftling wird zu seiner Beschwerde über Vernehmungsmethoden befragt:

Bei Ihrer Vernehmung vom 20.8.1951 haben Sie zugegeben, dass Sie bewusst Sabotage betrieben haben, indem Sie ein Zahnrad, welches zu einer wichtigen Maschine gehörte, so schlecht verschweißten, dass bei Benutzung desselben unbedingt Bruch entstehen musste. Wie kamen Sie zu dieser Aussage?

Ich konnte gar keine andere Aussage machen, da ich bei meiner Vernehmung in Erfurt von 2 Ihrer Kollegen mit der Hand und mit einem Schlauch, in dem sich eine Spirale befand, geschlagen wurde. Aus diesem Grunde, und weil man mir keinen Glauben schenkte, sagte ich zu allem ja.

Aus der Abschrift eines Vernehmungsprotokolls; BStU, ZA, KS II 200/61 Bl. 12.

Gewerkschaftsbundes nachzuweisen. Dahinter stand eine aus der stalinistischen Industrialisierung in der UdSSR stammende Grundhaltung, die zum Beispiel Produktionsausfälle in Fabriken nicht als Folge verschlissener oder überlasteter Maschinen betrachtete, sondern als feindliche Sabotageakte entlarven wollte.

Auf der 2. Parteikonferenz der SED im Juli 1952 proklamierte Ulbricht den „Aufbau des Sozialismus" und kündigte eine neuerliche „Verschärfung des Klassenkampfes" an. Das MfS steigerte seine Aktivitäten erheblich. Allein von August bis Dezember 1952 wurden fast 1 500 Personen verhaftet.

Der Journalist Sefton Delmer im Londoner Daily Express, 2. Februar 1953:

An einem späten Abend im August [1952] klingelte es an der Tür einer Privatwohnung in Leipzig, die Dr. Grunsfeld gehörte. Der Doktor ist ein jüdischer Anwalt mit einer großen Praxis in der sowjetischen Zone. Ich werde Ihnen nicht den Namen des Besuchers des Anwalts sagen. Er ist ein Jude und hat noch, was außergewöhnlich genug ist, einen Posten in der kommunistischen Maschinerie Ostdeutschlands inne.

Er sagte zu Dr. Grunsfeld: „Sie waren in der Vergangenheit gut zu mir, Herr Doktor. So komme ich zu Ihnen, um Ihnen einen Gegendienst zu erweisen. Die Geheimpolizei hat mir befohlen, mich der Gemeinde anzuschließen und zu arrangieren, dass dort vernichtende Beweise über Verbindungen jüdischer Flüchtlinge zu zionistischen Organisationen wie der Jewish Agency und dem Joint Distribution Comittee vorliegen." (...) Am nächsten Morgen, als die Geheimagenten der Geheimpolizei den Wink erhielten, suchte Dr. Grunsfeld Lohse [Helmut Looser], den Vorsitzenden der Leipziger Juden, auf. Lohse wiederum erstattete Julius Meyer, dem Vorsitzenden der ostdeutschen Judenschaft, Bericht. Meyer eilte über die Sektorengrenze. Dort sprach er mit einem Repräsentanten der Westberliner Juden [Heinz Galinski], der seinerseits die Juden im Westen über die bevorstehenden Ereignisse unterrichtete. Geheimpläne wurden ausgearbeitet. Es wurde beschlossen, dass die jüdischen Repräsentanten bleiben sollten, wo sie sich gegenwärtig aufhielten. Sie wurden aber benachrichtigt, dass sie sich beim Empfang des Kodesignals in höchster Eile auf den Weg nach Berlin machen und nach Westberlin fliehen sollten. Was war nun der Kode? Nun, nichts anderes als unser vielbenutztes altes „Großmutter im Sterben". Aber es funktionierte. Das Signal wurde nicht vor dem 10. Januar 1953 gesandt.

Zitiert nach Andreas Herbst: Großmutter im Sterben. Die Flucht der Repräsentanten der Jüdischen Gemeinden 1953 aus der DDR. In: Annette Leo/ Peter Reif-Spirek (Hrsg.): Helden, Täter und Verräter. Studien zum DDR-Antifaschismus. Berlin 1999 (Metropol, Friedrich Veitl Verlag), S. 13–35, hier 22f.

Handelsminister Dr. Karl Hamann (li., 1903–1973) und Staatssekretär Paul Baender (1906–1985) mußten als Sündenböcke für die anhaltende Versorgungsmisere herhalten. Ende 1952 wurden beide verhaftet und in einem Geheimprozeß Mitte 1954 zu zehn bzw. sechs Jahren Haft verurteilt

[3] Wilhelm Zaisser auf der SED-Delegiertenkonferenz im MfS, 14./15.6.1952; BStU, ZA, KL SED 572, Bl. 504.

grundkämpfern, wie der Minister Zaisser und sein Bürochef Heinrich Fomferra.

Seit dem sprunghaften Ausbau des Jahres 1952 stellte das MfS vorwiegend junge SED- und FDJ-Mitglieder ein, die nicht über eigene Erfahrungen aus der kommunistischen Arbeiterbewegung vor 1945 verfügten. Vorzugsweise rekrutierte die Staatssicherheit solche Kräfte aus der Volkspolizei sowie den Apparaten der Partei und des Jugendverbandes. Ganz überwiegend stammten sie aus unterprivilegierten, proletarischen Verhältnissen und verfügten nur über eine elementare Allgemeinbildung. Ihre polizeilichen und geheimdienstlichen Kenntnisse waren ebenfalls gering. 1953 waren rund 92 Prozent Mitglied der SED, die anderen betrachtete der Minister Zaisser als „Parteimitglieder ohne Buch".[3] Personal aus Gestapo und SS-Sicherheitsdienst stellte das MfS nicht in den hauptamtlichen Dienst ein, ebenso wenig andere frühere Polizeibeamte.

Zu den prominentesten Opfern der Verfolgung gehörten der Handels- und Versorgungsminister Karl Hamann (LDPD), der im Dezember 1952 wegen „Sabotage an der planmäßigen Versorgung der Bevölkerung" verhaftet wurde, und Außenminister Georg Dertinger (CDU), den einen Monat später der Vorwurf der „Spionage" traf. Um die Jahreswende 1952/53 richteten sich die Verfolgungen sogar gegen die Jüdischen Gemeinden, als sich in der Sowjetunion mit der „Ärzteverschwörung" eine neue, antisemitische Säuberung ankündigte. Über 400 Juden flohen aus der DDR, unter ihnen der SED-Volkskammerabgeordnete Julius Meyer sowie fünf der acht Vorsitzenden von Jüdischen Gemeinden.

Im Zuge der DDR-Gebietsreform 1952 löste das MfS seine fünf Länderverwaltungen auf und richtete an ihrer Stelle 14 Bezirksverwaltungen ein, daneben blieben die „Verwaltung Groß-Berlin" sowie die 1951 gegründete „Objektverwaltung" Wismut bestehen. Personal und Organisation reichten noch nicht aus, um in den neu geschnittenen 217 Stadt- und Landkreisen bzw. Ostberliner Stadtbezirken Kreisdienststellen zu errichten. Im März 1953 existierten erst 192 Kreisdienststellen, ausgespart blieben zunächst die Sitze der Bezirksverwaltungen, in einigen Fällen wurden Stadt- und Landkreise von einer gemeinsamen Dienststelle bearbeitet.

Begonnen hatte die Staatssicherheit im Februar 1950 mit etwa 1 100 Mitarbeitern, die ganz überwiegend in den Länderverwaltungen für Staatssicherheit tätig waren. Mit der „Verschärfung des Klassenkampfes" wurde der hauptamtliche Apparat im Jahre 1952 von rund 4 500 (Ende 1951) auf etwa 8 800 Mitarbeiter nahezu verdoppelt. Die MfS-Führung bestand fast ausschließlich aus langjährigen Kommunisten, darunter einigen erfahrenen Unter-

Quelle: BStU, ZA, SdM 1447, Bl. 37

MfS-Mitarbeiter der Kreisdienststelle Rostock, 1950

Erich Mielke über die Anforderungen an MfS-Mitarbeiter, 1953:

Hier sprach Genosse Köhler, dass es Genossen gibt, die eingestellt wurden, die nicht schreiben können. Mir scheint, dass es darauf ankommt, dass dieser Genosse, der vielleicht nicht schreiben kann, weiß wie man siegt und was man tun muss, um seine Feinde zu vernichten. Untersuchen wir einmal danach, wie manche großartig schreiben können und wie wunderbar sie daherreden und prüfen wir, wie viel Feinde sie vernichtet haben. Deshalb scheint mir die Fragestellung nicht ganz richtig. Es ist deshalb notwendig, den Menschen einzuhämmern den Glauben an den Sieg, dass sie verstehen zu siegen. (...)

Die Partei, der Parteisekretär muss das wahre Gesicht jedes Parteigenossen kennen, mit welcher Zunge er redet. Und wenn er mal nicht seinen Namen unterschreiben kann, ist es nicht wichtig, aber wenn er weiß, wer die Feinde sind, ist er auf dem richtigen Wege.

Rede auf der SED-Parteiaktivtagung im MfS am 28.1.1953; BStU, ZA, KL-SED 570, Bl.24.

Um die Kenntnisse zu heben, gründete das MfS 1951 in den Räumlichkeiten der früheren preußischen Polizeioffiziersschule in Potsdam-Eiche eine eigene Aus- und Fortbildungsstätte, doch die Masse der Mitarbeiter erwarb ihre Fertigkeiten in der praktischen Arbeit, vor allem vermittelt durch die allgegenwärtigen sowjetischen Geheimdienstoffiziere und die im Untergrundkampf erfahrenen alten KPD-Genossen.

1952 unterstellte das Politbüro die Deutsche Grenzpolizei und die Transportpolizei nach sowjetischem Vorbild dem Minister für Staatssicherheit. Diese Apparate blieben allerdings intern unter Leitung des stellvertretenden Ministers, Chefinspekteur Hermann Gartmann, vollständig separiert und wurden auch weiterhin durch die zuständigen MfS-Diensteinheiten mit geheimdienstlichen Mitteln überwacht. Das MfS verfügte außerdem über militärisch strukturierte Kasernierte Wacheinheiten, die vermutlich seit 1950 in Berlin-Adlershof sowie an den Sitzen der Länderverwaltungen (Schwerin, Potsdam, Halle, Erfurt, Dresden) aufgebaut wurden und dort auch nach der Einrichtung der Bezirksverwaltungen bestehen blieben. Die Gesamtstärke die-

Kapitel 3 Gründung und Aufbau

Der stellvertretende Minister Rudi Mittig erinnert sich, 1990:

Der deutsche Faschismus, der deutsche Militarismus, war ja zur Genüge bekannt. Mir aber war klar, dass zwischen militärischen Institutionen, wie sie der Faschismus prägte und wie sie sozialistische Staaten, also auch die DDR, installieren mussten, ein grundsätzlicher Unterschied bestand. Die ganzen Geschehnisse der Herausbildung des Kalten Krieges, die Provokationen gegen die neue Ordnung der DDR stellten die Bildung, die Entwicklung militärischer Organe, von Armee, Polizei, Sicherheits- und Geheimdienstorganen auf die Tagesordnung. (...) Natürlich stand die Frage: Wem ordne ich mich unter? Meine damaligen Vorgesetzten, ich lege Wert auf die Betonung militärische Vorgesetzte, waren durchweg antifaschistische Widerstandskämpfer, die teilgenommen hatten am spanischen Befreiungskrieg, am Kampf der Roten Armee gegen den Faschismus, die im Konzentrationslager waren. Alles Menschen, die aktiv gegen den Faschismus gekämpft hatten, denen ich, was ihr Leben betrifft, ihren Einsatz gegen den Faschismus, ihre ganze Persönlichkeit, volles Vertrauen schenkte. Sehr wohl unterschied sich ein damaliger Oberrat von einem faschistischen Major oder anderen Trägern militärischer Funktionen im Faschismus. So gesehen, war das keine Unterordnung in dem Sinne. (...) Ja, ich hatte große Achtung. Sie hatten sich – im Gegensatz zu mir – in der Zeit des Faschismus bewährt.

In: Ariane Riecker/Annett Schwarz/Dirk Schneider: Stasi intim. Gespräche mit ehemaligen MfS-Angehörigen. Leipzig 1990 (Forum Verlag Leipzig), S. 167f.

Eingang zur Juristischen Hochschule des MfS in Potsdam-Eiche, Aufnahme von 1993

ser Einheiten betrug zum Jahresende 1952 3 020 Mann (154 Offiziere, 537 Unteroffiziere und 2 329 Mannschaftsdienstgrade). Die größte Einheit war das Wachregiment Berlin mit 1 866 Personen. Deren Hauptaufgabe lag im Wachdienst an den Gebäuden des MfS und wichtigen Partei- und Regierungsgebäuden; die Einheiten verfügten über eine leichte Infanteriebewaffnung.

Während des Aufstands am 17. Juni 1953 hatte das MfS seine Funktion im Falle innerer Unruhen unter Beweis zu stellen. Die Wacheinheiten schützten die Partei- und Regierungsgebäude, zum Beispiel das Haus der Ministerien in Berlin, die Mitarbeiter anderer Diensteinheiten bildeten Einsatzgruppen, um „Rädelsführer" festzunehmen, oder sie versuchten, die Dienstgebäude des MfS zu schützen. Da Zaisser Schüsse auf die Demonstranten ver-

Einweihung eines Dienstobjektes der Volkspolizei, etwa 1949/50

Absperrung am Haus der Ministerien, früher Reichsluftfahrtministerium, 17. Juni 1953

Demonstranten besetzen die MfS-Kreisdienststelle Jena, 17. Juni 1953:

Die Situation auf der Dienststelle war, ehe die randalierende Masse die Dienststelle überfiel, folgende: (...)

Unter den anwesenden Mitarbeitern der Dienststelle Jena, angefangen vom Dienststellenleiter bis zur Reinemachefrau, herrschte auf Grund der einlaufenden Meldungen von den Sachbearbeitern aus den Betrieben eine große Unruhe. Praktisch wusste keiner, was er machen sollte. Innerhalb der Dienststelle wurden keine konkreten Anweisungen gegeben, welche Maßnahmen zu ergreifen sind, um die Dienststelle zu verteidigen, obwohl der Leitung der Dienststelle durch die ständig eingehenden Meldungen – wie Plünderung des Gebäudes der Nationalen Front, Sturm auf die SED-Kreisleitung Land – der Charakter der Unruhen vollkommen klar sein musste. (...)

Als die Menge die Dienststelle umstellt hatte, forderte sie den Hausmeister auf, die Hunde wegzusperren, was auch geschah. Danach näherten sich ca. 6–10 Mann dem Eingang, drückten die äußere Tür ein und schlugen von der 2. Tür die Fensterscheiben ein.

Daraufhin ging der Wachmann Unteroffizier Hagenbruch zu diesen Banditen, zeigte seine Pistole und erklärte: „Zurück oder ich schieße". Daraufhin gingen diese bis zur äußeren Tür zurück. Nunmehr kam [der Dienststellenleiter] Schumann die Treppe herunter, um mit diesen Banditen zu sprechen. Zu Hagenbruch erklärte er, die Waffe weg, geschossen wird nicht. Die Banditen verlangten die Herausgabe der Häftlinge, sowie die Kellerschlüssel, welche ihnen Schumann auch übergab. Weiterhin schrien sie: „Nicht schießen, hinter uns stehen Tausende von Menschen", worauf Schumann ihnen erwiderte: „Nein, geschossen wird nicht. Sie können sich darauf verlassen." Daraufhin traten die Banditen die Tür ein und stürmten das Gebäude, wobei sie Panzerschränke aufbrachen, die Telefonanlage vernichteten, Akten auf den Hof schleppten und verbrannten.

Bericht der MfS-Personalabteilung vom 26.6.1953: „Überfall auf die Dienststellen Jena, Bitterfeld, Merseburg"; SAPMO-BArch, DY 30, IV 2/12/109.

Beschluß des Ministerrates der Deutschen Demokratischen Republik

Die Angehörigen der Volkspolizei und des Ministeriums für Staatssicherheit haben im Einsatz gegen die faschistischen Provokateure treu und ohne Rücksicht auf persönliche Opfer ihre Pflicht gegenüber unserer Bevölkerung und der Regierung mit Mut, Entschlossenheit und ohne Schwankungen erfüllt.

Die hohe politische Moral der Volkspolizisten und Mitarbeiter des Ministeriums für Staatssicherheit fand auch darin ihren Ausdruck, daß sie in enger Zusammenarbeit mit der werktätigen Bevölkerung zwischen irregeleiteten und mißbrauchten Arbeitern einerseits und andererseits den faschistischen Provokateuren, für die es keinerlei Schonung geben kann, zu unterscheiden wußten.

Für ihr tapferes, unerschrockenes und aufopferndes Verhalten spricht die Regierung allen Angehörigen der Volkspolizei und des Ministeriums für Staatssicherheit Dank und Anerkennung aus.

In treuer Pflichterfüllung haben ein Angehöriger des Ministeriums für Staatssicherheit und drei Angehörige der Volkspolizei ihr Leben gelassen. Die Regierung der Deutschen Demokratischen Republik spricht den Hinterbliebenen ihr tiefstes Beileid aus. Sie betrachtet es als ihre Pflicht, dafür zu sorgen, daß die materielle Lage der Familienangehörigen der Ermordeten gesichert ist.

Den Verletzten der Volkspolizei und des Ministeriums für Staatssicherheit wünscht die Regierung baldige Genesung.

Die zuständigen Minister werden beauftragt:

Allen an der Niederwerfung dieser faschistischen Provokation beteiligten Angehörigen der Volkspolizei und des Ministeriums für Staatssicherheit einen Sonderurlaub zu gewähren.

Glückwunsch des Zentralkomitees der SED für Genossen Willi Zaisser

Lieber Genosse Willi Zaisser!

Das Zentralkomitee der Sozialistischen Einheitspartei Deutschlands gratuliert herzlichst zu Deinem heutigen 60. Geburtstage und beglückwünscht Dich gleichzeitig zu der hohen Auszeichnung der Verleihung des Karl-Marx-Ordens durch den Präsidenten der Deutschen Demokratischen Republik, Genossen Wilhelm Pieck.

Dein ganzes Leben ist der Weg eines bewußten Kämpfers für die Sache der Partei und der Arbeiterklasse.

Gestützt auf die Lehre von Marx, Engels, Lenin, Stalin, erfüllst Du als Mitglied des Politbüros unserer Partei und als Minister für Staatssicherheit ehrenvoll alle Dir gestellten Aufgaben im Interesse und zum Wohle des deutschen Volkes. Deine Tätigkeit ist ein anspornendes Beispiel für alle Mitglieder unserer Partei.

Möge Dir vergönnt sein, noch recht viele Jahre weiterhin mitzuhelfen an dem großen Ziel unserer Partei, der Schaffung eines einheitlichen, friedliebenden, demokratischen Deutschlands, und an der Erhaltung des Friedens, im festen unverbrüchlichen Bündnis mit der großen mächtigen Sowjetunion, der Führerin des Weltfriedenslagers.

In diesem Sinne wünschen wir Dir, lieber Genosse Willi Zaisser, alles Gute, Gesundheit und Schaffenskraft für Deine Mitarbeit bei der Lösung der großen und schweren Aufgaben, die vor der Partei der deutschen Arbeiterklasse und vor allen friedliebenden Kräften in Deutschland stehen.

Mit sozialistischem Gruß!
Zentralkomitee der Sozialistischen Einheitspartei Deutschlands.

Mitteilung des Presseamtes

Berlin (ADN). Das Presseamt beim Ministerpräsidenten teilt mit:
Das Ministerium für Staatssicherheit wird als Staatssekretariat in das Ministerium des Innern eingegliedert. Der Minister für Staatssicherheit, Wilhelm Zaisser, ist von seinem Amt entbunden. Mit der Leitung des Staatssekretariates für Staatssicherheit ist Staatssekretär Ernst Wollweber beauftragt.

---

boten hatte und die MfS-Mitarbeiter nicht über eine geeignete Ausbildung verfügten, retteten erst die sowjetischen Truppen die Geheimpolizei vor einem Desaster.

Demonstranten stürmten die Kreisdienststellen in Bitterfeld, Görlitz, Jena, Niesky und Merseburg und erschossen einen Mitarbeiter vor einem Magdeburger Gefängnis. In Rathenow lynchte eine aufgebrachte Menge einen ortsbekannten ehemaligen K5-Mann.

Nach der Niederschlagung der Erhebung hatte das MfS maßgeblichen Anteil an den Massenverhaftungen von Demonstranten und angeblichen westlichen Drahtziehern. Allein bis zum Abend des 22. Juni verhaftete es gemeinsam mit der Volkspolizei über 6 000 Personen. Über 50 Protestierende wurden während der Unruhen getötet, mindestens 20 weitere standrechtlich erschossen. Ihre wichtigste Funktion hatte die Staatssicherheit allerdings nicht erfüllt: Vorboten und Ansätze des Aufstands frühzeitig zu erkennen und im Keim zu ersticken.

Unter dem Vorwurf, mit Rudolf Herrnstadt eine „Fraktion" gebildet zu haben, sowie aufgrund des Versagens des MfS entließ die Parteiführung Wilhelm Zaisser am 18. Juli 1953 als Minister und schloss ihn auf dem 15. Plenum des ZK der SED aus dem Politbüro und dem Zentralkomitee aus. Wenige Monate später, im Januar 1954 musste er die Partei verlassen.

Als Belohnung für die Niederschlagung des Aufstandes erhalten Volkspolizisten und MfS-Leute Sonderurlaub
Quelle:
BStU, ZA, DSt 100180

Glückwünsche zum Geburtstag im SED-Zentralorgan, „Neues Deutschland" vom 20. Juni 1953, S. 4

Neues Deutschland vom 26. Juli 1953, S.1

4 Vom 17. Juni 1953 bis zur Entstalinisierung

Ernst Wollweber (1898–1967), geb. in Hannoversch-Münden, 1919 KPD, Leiter von Militärorganisationen, 1932 Reichstagsabgeordneter, 1933 Emigration nach Kopenhagen, Aufbau eines illegalen Netzes für Schiffssabotage, 1940 in Schweden verhaftet, 1944 in die UdSSR ausgewiesen; 1947 Leiter der Generaldirektion Schifffahrt in der SBZ; 1950 Staatssekretär im Verkehrsministerium; 1953 Staatssekretär für Staatssicherheit im MdI, 1955 Minister, 1957 Rentner

Nachfolger Zaissers wurde Ernst Wollweber; Generalleutnant Erich Mielke wurde nach einer Überprüfung seiner Amtsführung wieder als stellvertretender Chef eingesetzt. Zur Demonstration der stärkeren Kontrolle und Unterordnung wurde die Staatssicherheit nach sowjetischem Vorbild in ein Staatssekretariat im Ministerium des Innern unter Willi Stoph umgewandelt. Allerdings blieb der Apparat intern weitgehend eigenständig und erlangte am 24. November 1955 wieder den Status eines Ministeriums. Die SED-Führung band die Staatssicherheit nun auch politisch erheblich enger an sich: Wollweber wurde zwar im April 1954 ins Zentralkomitee aufgenommen, doch ein Sitz im Politbüro blieb ihm verwehrt. Die Zuständigkeit für die Staatssicherheit im Politbüro übernahm Ulbricht persönlich. Allerdings hatten auch weiterhin die sowjetischen „Freunde" erheblichen Einfluss, gegen die im Zweifel nichts entschieden werden konnte.

Als neue Aufgabe kam die Auslandsspionage hinzu. Der seit 1951 existierende Außenpolitische Nachrichtendienst der DDR (APN) wurde nun in den Apparat der Staatssicherheit als Hauptabteilung XV eingegliedert. Kopf des APN war zunächst der langjährige Sowjetagent Richard Stahlmann

Markus Wolf (rechts) bei einer Parade 1955. Geb. 1923 in Hechingen, Sohn des Schriftstellers Friedrich Wolf, 1933 Emigration mit den Eltern nach Moskau, Besuch der Kominternschule, Radiokommentator, 1949 Botschaftsrat in Moskau, 1952 bis 1986 Leiter der DDR-Auslandsspionage und seit 1953 zugleich stellvertretender Chef der Staatssicherheit, zuletzt Generaloberst.

Die Aufgaben der Staatssicherheit nach der Junikrise. Aus einem Beschluss des SED-Politbüros vom 23. September 1953:

a) Die Durchführung einer aktiven Aufklärungsarbeit in Westdeutschland und Westberlin mit dem Ziel des Eindringens in die wichtigsten Institutionen der westlichen Besatzungsmächte, der Bonner Regierung, in die Zentralvorstände der SPD und der bürgerlichen Parteien und besonders in ihre Ostbüros, in den Kreis westdeutscher Industrieller und anderer monopolistischer Vereinigungen, in militärische und wissenschaftliche Forschungsämter und Institutionen.

b) Die Durchführung einer aktiven Spionageabwehr in Westdeutschland und Westberlin sowie auf dem Territorium der Deutschen Demokratischen Republik. Das Eindringen der Informatoren in die Spionageorgane, Schulen und Zentren von Spionage- und Diversionsorganisationen zwecks Aufdeckung der Pläne und Absichten des Feindes sowie der in die DDR, UdSSR und in die Länder der Volksdemokratien eingeschleusten Agenten der feindlichen Spionagedienste, der westdeutschen und Westberliner Spionage-, Diversions- und terroristischen Organisationen.

c) Die Durchführung der Agenturarbeit in der Deutschen Demokratischen Republik innerhalb der bürgerlichen politischen Parteien, der gesellschaftspolitischen Massenorganisationen und der kirchlichen Organisationen, in den Kreisen der Intelligenz und der Jugend zwecks Aufdeckung von illegalen antidemokratischen Organisationen und Gruppen und der Beseitigung ihrer Zersetzungstätigkeit.

d) Die Durchführung des Kampfes gegen Schädlingstätigkeit, Sabotage und Diversion in der Volkswirtschaft, die rechtzeitige Aufdeckung und Abstellung der Zersetzungstätigkeit ausländischer Spionagedienste und ihrer Untergrundorganisationen in der Industrie, in der Landwirtschaft und im Transportwesen, um die Durchführung des neuen Kurses zu gewährleisten, der auf eine entschiedene Verbesserung der materiellen Lage der Bevölkerung der DDR gerichtet ist.

e) Die Durchführung der Abwehrtätigkeit unter dem Personal der Kasernierten, See-, Luft-, Transport- und übrigen Volkspolizei einschließlich Kriminalpolizei, mit dem Ziel, diese Organe vor dem Eindringen der Agenten der imperialistischen Spionagedienste und der westdeutschen Untergrundzentralen zu schützen.

f) Die Gewährleistung des zuverlässigen Schutzes der verantwortlichen Funktionäre der Partei und Regierung.

g) Die Gewährleistung einer exakten Zusammenarbeit der Staatssicherheitsorgane mit den Polizeiorganen im Zentrum und in den nachgeordneten Dienststellen.

Das ZK der SED lenkt die Aufmerksamkeit der Staatssicherheitsorgane besonders auf die Notwendigkeit einer wesentlichen Verstärkung der Arbeit in den Bezirken und Kreisen, wo eine Konzentration von ehemaligen Sozialdemokraten, ehemaligen Faschisten und bürgerlichen Spezialisten, die in Verbindung mit westdeutschen und Westberliner Konzernen stehen, festgestellt ist.

Das ZK verlangt von den Staatssicherheitsorganen die Aufdeckung und Entlarvung der Untergrundorganisationen der westdeutschen und Westberliner Zentralen in Magdeburg, Halle, Leipzig, Dresden, Jena und anderen Städten, wo während der Provokationen am 17.6.1953 die aktivste faschistische Tätigkeit zu verzeichnen war.

In: Karl Wilhelm Fricke/Roger Engelmann:
„Konzentrierte Schläge". Staatssicherheitsaktionen und
politische Prozesse in der DDR 1953–1956.
Berlin 1998 (Ch. Links Verlag), S. 251f.

(alias Arthur Illner) gewesen, im November 1952 abgelöst durch den damals 29-jährigen Markus Wolf. Nach der Eingliederung in die Staatssicherheit wurde Wolf zum Generalmajor und Stellvertreter Wollwebers ernannt. 1956 wurde die Hauptabteilung XV zur Hauptverwaltung Aufklärung (HV A) umstrukturiert.

Als Reaktion auf die Junikrise begann die Staatssicherheit 1953 mit dem Aufbau von eigenständigen Informationsgruppen, die die gesammelten Meldungen zu Stimmungsberichten zusammenfassen sollten. Der praktische Nutzen der Gruppen blieb allerdings aufgrund der geringen Größe und mangels qualifizierten Personals gering. Auch die Werbung von inoffiziellen Mitarbeitern sollte intensiviert werden. Ihre Überwachungsfunktion demonstrierte die Staatssicherheit in erster Linie nach wie vor durch Verhaftungen. Um rasche Erfolge bemüht, nahm sie, beginnend mit der Aktion „Feuerwerk" im November 1953, unter erheblichem propagandistischem Aufwand mehrere hundert vermeintliche Agenten fest. Nach vorliegenden Schät-

Aufsehenerregende Enthüllungen über USA-Spionagetätigkeit in der DDR

Ehemaliger stellvertretender Leiter der westberliner Agentenzentrale X/9592 berichtete auf einer Pressekonferenz

Berlin (Eig. Ber.). Aufsehenerregende Tatsachen über die verbrecherische Tätigkeit amerikanischer Spionage- und Sabotageorganisationen und ihre Verbindungen mit der Adenauer-Regierung wurden auf einer Pressekonferenz am Montag in Berlin bekanntgegeben. Der ehemalige stellvertretende Leiter der Filiale X/9592 der Spionageorganisation des Nazigenerals Gehlen, Hans-Joachim Geyer, gab in einer Erklärung Einzelheiten der gegen die Bevölkerung der Deutschen Demokratischen Republik gerichteten Schädlingsarbeit bekannt und berichtete über die Methoden, Drahtzieher und Geldgeber der Gehlen unterstehenden Spionageorganisationen.

Geyer, der um Aufnahme in der DDR bat, hat sämtliche Geheimdokumente, die sich in der westberliner Spionagedienststelle X/9592 befanden, den zuständigen Organen unserer Regierung übergeben. Diese Originaldokumente sowie Sendeanlagen amerikanischer Herkunft, Mord- und Terrorgeräte und andere Spionagematerialien standen den Journalisten in einer Ausstellung zur Einsicht zur Verfügung.

Nationalpreisträger Prof. Albert Norden, der Leiter der Pressekonferenz, appellierte in einem Schlußwort an die anwesenden Journalisten, alle friedliebenden Menschen in ganz Deutschland aufzurufen, in ihrem eigenen Interesse der Pest des faschistisch-amerikanischen Untergrundkrieges entgegenzutreten.

Auf der Pressekonferenz waren in- und ausländische Journalisten sowie Vertreter der wichtigsten Nachrichtenagenturen aus aller Welt anwesend.

Der Leiter des Presseamtes beim Ministerpräsidenten, Fritz Beyling, wies in seiner Eröffnungsansprache darauf hin, daß in letzter Zeit von den Organen der Staatssicherheit unserer Republik unter starker Mithilfe der Bevölkerung umfangreiche Gruppen von Terror- und Spionageorganisationen dingfest gemacht wurden, die im Dienste des ehemaligen Hitlergenerals Gehlen standen. Die im Zusammenhang damit geführten Untersuchungen erbrachten den Beweis, daß Gehlen über den Bonner Staatssekretär Globke direkte Verbindung zu Adenauer hat. Weitere Verbindungen bestehen zum Kaiser-Ministerium und über den ehemaligen Nazigeneraloberst Lutz zum Bonner Kriegsministerium Blank. Die aufgedeckten Tatsachen bestätigen, daß die Politik der Adenauer-Regierung untrennbar mit Mord, Brand und Terror verbunden ist. Finanziert wird die Schädlingstätigkeit unter dem Deckmantel einer „Auslandshilfe" von den USA, die bezeichnenderweise gerade in diesen Tagen dem Pentagon, d. h. dem „Kriegsministerium unterstellt wurde.

Sodann gab der bis zum 29. Oktober stellvertretende Leiter der Spionagedienststelle X/9592, Hans-Joachim Geyer, eine aufsehenerregende und erschütternde Erklärung ab, die wir im Wortlaut auf Seite 2 veröffentlichen. Anschließend beantworteten Herr Geyer, Nationalpreisträger Prof. Norden und Oberst Bormann vom Staatssekretariat für Staatssicherheit Fragen der in- und ausländischen Pressevertreter.

Aufgeklapptes betriebsfertiges Sende- und Empfangsgerät der Spionageorganisation Gehlen, das amerikanischer Herkunft ist.
Foto: Zentralbild

Wie umfassend die Organe unserer Republik über die westlichen Spionageorganisationen informiert sind, zeigten die Ausführungen von Oberst Bormann. Er zitierte die Aussagen zahlreicher verhafteter Agenten, darunter Edgar Sommerfeld, Kienitz; Helmut Schenk, Bezirk Karl-Marx-Stadt; Metallschleifer Mütze und anderer, aus denen die Finanzierung der Schädlingstätigkeit durch die USA hervorging.

Hans-Joachim Geyer antwortete auf die Frage eines französischen Pressevertreters, daß die Agenten nicht nur von den Amerikanern finanziert und angeleitet werden, sondern auch regelmäßig von den USA-Okkupationsbehörden ausgestellte Interzonenpässe erhalten und für ihre Beförderung amerikanische Kurierflugzeuge in Westberlin zur Verfügung stehen. Seine Ausführungen wurden durch zahlreiche auf der Pressekonferenz gezeigte Dokumente erhärtet.

Im Schlußwort wies Nationalpreisträger Prof. Norden darauf hin, daß die USA ihre Schädlingsarbeit unter dem Vorwand einer angeblichen Bedrohung aus dem Osten organisieren. In Wirklichkeit fürchten sie aber die konsequente Friedenspolitik und die Politik der ständigen Hebung der Lebenshaltung der Bevölkerung in der DDR, den volksdemokratischen Ländern und der UdSSR.

„Wir senden von Ost- nach Westdeutschland die Idee der deutschen Verständigung und des Friedens", sagte Norden, „Sie aber, die Washingtoner und Bonner Regierung, senden von Westdeutschland nach Ostdeutschland Spione, Attentäter, Mörder. Sie beunruhigen Adenauer durch die Ideale der deutschen Eintracht, denen wir dienen. Adenauer hat allerdings keine Ideale zu exportieren, und darum exportiert er das Verbrechen."

Ihre Ergänzung findet die verbrecherische Schädlingsarbeit durch die offene Verfolgung der Friedenskämpfer in Westdeutschland.

Die Bevölkerung der DDR, die ihrem friedlichen Aufbauwerk nachgeht, erblickt in der feindlichen Spionage- und Sabotagetätigkeit erwiesenermaßen eine Bedrohung ihrer eigenen Sicherheit und der Errungenschaften unseres Aufbaus. Sie wird mit erhöhter Wachsamkeit mithelfen, die verbrecherische Tätigkeit der USA-Imperialisten zu vereiteln.

Propagandabericht in der DDR-Presse zur Aktion „Feuerwerk", in: „Neues Deutschland" vom 10.11.1953, S. 5

zungen entführte sie im Zuge solcher Verhaftungsaktionen sowie in Einzeloperationen etwa 600 bis 700 Menschen aus dem Westen in den Machtbereich der SED, darunter allein 120 der etwa 400 bis 1961 geflüchteten MfS-Mitarbeiter. Den vom Politbüro im September 1953 formulierten Auftrag, die „Hintermänner und Organisatoren des faschistischen Putschversuches", wie der 17. Juni mittlerweile gewertet wurde, zu finden, konnte die Staats-

sicherheit auch mit Hilfe solcher spektakulären Aktionen gleichwohl nicht erfüllen.

1955 zeichnete sich im Ost-West-Verhältnis eine leichte Entspannung ab. Die osteuropäischen Geheimdienste reagierten zum „Ausgleich" mit einer Kurskorrektur: Die geheime Arbeit nach dem Westen sollte erheblich verstärkt werden, sowohl was die Spionage als auch was verdeckte Aktionen im gegnerischen Lager betraf.

Der Spionagechef Markus Wolf über die Anfänge der Agentenarbeit:

Mit Glück und Voraussicht hatten wir unseren dienstältesten Kundschafter in Westdeutschland, Adolf Kanter, in der Umgebung eines rheinland-pfälzischen Nachwuchspolitikers namens Helmut Kohl platziert. Kanter, Deckname Fichtel, war von der Parteiaufklärung zu unserem Dienst gekommen. Nach dem Krieg hatte er die FDJ in Rheinland-Pfalz mit aufgebaut und gehörte ihrem Landesvorstand an. 1949 verließ er die kommunistische Jugendorganisation und trat nach einer Schamfrist der Jungen Union bei, in der er Kreisvorsitzender und Bezirksschulungsreferent wurde.

Kanter schloss sich der jungen CDU-Truppe an, die gegen den Widerstand der Parteihonoratioren den Weg für die Karriere von Helmut Kohl bahnte. Zu Kanters politischen und persönlichen Freunden zählte der Flick-Manager Eberhard von Brauchitsch. Über ihn besorgte er schon früh Spenden für Kohls Mannschaft. Er kannte dadurch den späteren Kanzler persönlich und konnte vertrauliche Beziehungen zu einigen der Männer aufbauen, die Kohl zunächst in Mainz und später in Bonn um sich scharte. (...) „Fichtel" wurde [1974] Prokurist und stellvertretender Leiter im Bonner Büro des Flick-Konzerns.

Markus Wolf: Spionagechef im geheimen Krieg. Erinnerungen. München 1997 (Paul List Verlag), S. 172f.

Aus dem Plan zur Verhaftungsoperation „Blitz", März 1955:

Die Operation „Blitz" soll in erster Linie dazu dienen, um rücksichtslos die verbrecherische Rolle der amerikanischen Spionagezentralen in Deutschland vor der ganzen deutschen Öffentlichkeit zu entlarven. Dieses wird erreicht durch einen konzentrierten operativen Schlag, der sich gegen die Spionagezentralen in Westberlin und deren Agenturen richtet.

In der 1. Phase der Operation ist geplant, den Schlag gegen folgende Feindzentralen in Westberlin zu richten: Ostbüro der CDU, VPO, Ostbüro der FDP, UFJ, so genannte „Kampfgruppe gegen Unmenschlichkeit" sowie gegen die von den Amerikanern in Westberlin geschaffenen feindlichen Gruppierungen, welche unter der Tarnung „SED-Opposition" ihre gesamte Tätigkeit gegen unseren Parteiapparat richten. (...)

Zu den konkreten Maßnahmen

Es ist vorgesehen, drei bis vier offizielle Mitarbeiter und Residenten der Feindzentralen aus Westberlin in den demokratischen Sektor zu überführen: (...)

Fricke, ehem.[aliges] SED-Mitglied, flüchtete 1948 nach dem Westen, weil ihm die Verhaftung drohte. Fricke absolvierte in Westdeutschland das Institut für Journalistik. Danach wurde er in Westberlin im Apparat Sesslers, einem offiziellen Mitarbeiter des amerikanischen Geheimdienstes, eingesetzt. Bekanntlich arbeitet letzterer gegen den Parteiapparat der SED.

Fricke, der ein offizieller Mitarbeiter der Adenauerzeitung „Rheinischer Merkur" ist, unterhält enge Verbindung zu Carola Stern. Diese war vor ihrer Flucht Lehrkraft an der Parteihochschule des ZK der SED. In Westberlin schrieb Carola Stern ein verleumderisches Buch gegen die SED. Es ist bekannt, dass Fricke in seiner Westberliner Wohnung ein trotzkistisches Archiv aufbewahrt.

Die Überführung des Fricke ist nach folgender Variante geplant: In engen sachlichen Beziehungen mit Fricke stehen die beiden überprüften GM des MfS „Fritz" und dessen Ehefrau „Peter". Unsere GM werden Fricke zu sich in die Wohnung einladen. (...)

Fricke erhält im Getränk ein Schlafmittel. Die GM „Fritz" und „Peter" werden nach Erledigung dieser Phase in ihre richtige Wohnung fahren, während der Fricke von einer Gruppe in den demokratischen Sektor gebracht wird.

Gleichzeitig operiert eine Gruppe von GM in der Wohnung des Fricke mit dem Auftrag, die dort vorhandenen Unterlagen nach hier zu bringen.

In: Karl Wilhelm Fricke/Roger Engelmann: „Konzentrierte Schläge". Staatssicherheitsaktionen und politische Prozesse in der DDR 1953–1956. Berlin 1998 (Ch. Links Verlag), S. 321f.

Karl Wilhelm Fricke wurde vom MfS entführt:

In den frühen Mittagsstunden des 1. April 1955 rief mich in meiner Wohnung in Friedenau, einem zum Berliner Bezirk Steglitz gehörenden Stadtteil, Kurt Maurer alias Kurt Rittwagen an und teilte mir mit, er habe mir, meiner Bitte entsprechend, das von der Moskauer Akademie der Wissenschaften herausgegebene und damals in deutscher Sprache erschienene Lehrbuch „Politische Ökonomie" besorgen lassen. (...) In [seiner] Wohnung stellte mich Rittwagen auch seiner Ehefrau vor, die uns erwartet hatte. Mir wurden Zigaretten angeboten und ein Gläschen Weinbrand, auch meine „Gastgeber" tranken ein Gläschen mit, ein zweites, wir führten ein belangloses Gespräch, etwa ein halbes Stündchen lang. (...) Auf meine Frage erhob sich Rittwagen aus seinem Sessel, trat vom Tisch an den Schreibtisch heran, ich erhob mich ebenfalls und wandte mich zum Schreibtisch hin. Bei dieser Gelegenheit, in diesem Augenblick schenkte die Frau hinter meinem Rücken, also von mir unbeobachtet, jedem ein drittes Gläschen Weinbrand ein, Marke Scharlachberg-Meisterbrand war es, wobei sie meinem Gläschen ein Betäubungsmittel beigemischt haben muss. (...)

Ich kam meiner Schätzung nach gegen 23.00 Uhr desselben Tages wieder zur Besinnung. Zu dieser Zeit befand ich mich, ohne es schon zu wissen, bereits im Zentralen Untersuchungsgefängnis der Staatssicherheit in Berlin-Hohenschönhausen.

Karl Wilhelm Fricke: Akten-Einsicht. Rekonstruktion einer politischen Verfolgung. Berlin 1995 (Ch. Links Verlag), S. 41f.

In den MfS-Bezirksverwaltungen wurden eigene Spionageabteilungen gebildet und die Westaufgaben der Abwehrlinien ausgeweitet. So wurden zum Beispiel in der Linie III (Volkswirtschaft) eigene Referate bzw. Arbeitsgruppen für die Aktivitäten gegen westliche Konzerne eingerichtet, die unter anderem auch Industrie- und Militärspionage betreiben sollten. Für diese neue Schwerpunktsetzung sollte zum Teil auch die Arbeit gegen die inneren „Feinde" zurücktreten.

Walter Janka (links) mit der DDR-Delegation unter Leitung von Johannes R. Becher (2. v. links) 1955 bei der Beisetzung von Thomas Mann in der Schweiz

Wolfgang Harich spricht im Oktober 1956 auf einer Heinrich-Heine-Tagung in Weimar

[1] Falco Werkentin: Politische Strafjustiz in der Ära Ulbricht. Berlin 1994, S. 374–376.

Nach den Enthüllungen Chruschtschows über die Verbrechen Stalins auf dem XX. Parteitag der KPdSU im Februar 1956 gerieten Wollweber und andere führende SED-Funktionäre in offenen Konflikt mit Ulbricht. Die Niederschlagung der ungarischen Revolution im November 1956 durch sowjetische Truppen festigte jedoch Ulbrichts Position wieder. Wollweber musste nach schrittweiser Entmachtung schließlich am 1. November 1957 zurücktreten. Auf dem 35. Plenum des ZK im Februar 1958 wurde er, wiederum wegen angeblicher Fraktionsbildung (mit den SED-Funktionären Karl Schirdewan und Gerhart Ziller), aus dem ZK ausgeschlossen, durfte aber Parteimitglied bleiben.

Im Zuge der in der DDR nur sehr begrenzt wirksamen Entstalinisierung wurden im Sommer 1956 25 000 Häftlinge vorfristig aus den Gefängnissen der DDR entlassen, darunter auch zahlreiche vom MfS verfolgte politische Häftlinge, etwa 400 Funktionäre von Blockparteien, fast 700 Sozialdemokraten, mehrere hundert von sowjetischen Militärtribunalen verurteilte „Kriegsverbrecher" und nicht zuletzt eine Reihe von Kommunisten wie Paul Merker und der nach dem 17. Juni verhaftete vormalige Justizminister Max Fechner.[1] Zugleich wurde intern die gängige Folterpraxis der Dauerverhöre und anderer Drangsalierungen infrage gestellt. Bis zum Herbst 1956 führten die MfS-Mitarbeiter erheblich weniger neue Verhaftungen durch. Diese Phase der Verunsicherung und der Unklarheit über den weiteren politischen Kurs brach mit der Niederschlagung des Aufstands in Ungarn ab. Es folgte eine neuerliche Welle der Repression, deren prominenteste Opfer der nationalkommunistische Philosoph Wolfgang Harich und der Leiter des

Verschwörer vor dem Obersten Gericht
Prozeß gegen vier Mitglieder der staatsfeindlichen Harich-Gruppe

Berlin (ND). Vor dem Ersten Strafsenat des Obersten Gerichts der DDR begann gestern die Verhandlung gegen den ehemaligen Leiter des Aufbau-Verlages, Walter J a n k a, den ehemaligen Redakteur des „Sonntag" Gustav J u s t, den ehemaligen Chefredakteur des „Sonntag", Heinz Z ö g e r, und den Journalisten Richard W o l f. Die Angeklagten waren aktive Mitglieder der staatsfeindlichen Gruppe Harich, deren Ziel es war, durch Schwächung und Liquidierung der Staatsmacht der DDR, durch Beseitigung wesentlicher sozialistischer Errungenschaften auf politischem, wirtschaftlichem und kulturellem Gebiet bei gleichzeitiger Belebung und Organisation reaktionärer Kräfte und Bestrebungen die volksdemokratischen Grundlagen der Arbeiter-und-Bauern-Macht zu zerstören.

Den Angeklagten Janka bezeichnet die Anklageschrift als geistige Stütze der Gruppe. Er forderte die Beseitigung führender Persönlichkeiten aus Partei und Regierung. Die Mitangeklagten und Zeugen sagten in der Vorvernehmung aus, daß ohne die Haltung Jankas die staatsfeindliche Tätigkeit Harichs und der gesamten Gruppe niemals einen solchen Umfang angenommen hätte.

Der Angeklagte Just kannte und unterstützte die Konzeption Harichs. Er regte ihre schriftliche Ausarbeitung an und schlug vor, sie den Mitgliedern des ZK zuzustellen, um damit zersetzend auf die Partei zu wirken.

Der ehemalige Chefredakteur des „Sonntag", Zöger, stimmte mit den feindlichen Auffassungen der Gruppe überein, vertrat sie selbst und benutzte den „Sonntag" zu ihrer Verbreitung.

Der Angeklagte Wolf verlangte zusätzlich den Abzug der sowjetischen Streitkräfte aus dem Gebiet der DDR und die Freilassung aller nach Artikel 6 der Verfassung verurteilten Personen. Er schlug weiterhin vor, die Veröffentlichung der feindlichen Konzeption von Polen aus zu betreiben, da sie dann von der Westpresse übernommen worden wäre.

Nach der Vernehmung der Angeklagten wird der Prozeß heute mit der Zeugenvernehmung fortgesetzt werden.

„Neues Deutschland" vom 24. Juli 1957, S. 2

Kapitel 4 Vom 17. Juni 1953 bis zur Entstalinisierung

Bericht über den Prozess gegen Janka:

Die abkommandierten Schreier riefen: „Nieder mit den Verrätern! (...) Ins Gefängnis mit den Verbrechern!"

Der Vorsitzende ließ die Randalierenden gewähren. Erst als sich die Schreier beruhigten, bat er, von Zurufen Abstand zu nehmen. Die anwesenden Schriftsteller von Anna Seghers, Willi Bredel bis Bodo Uhse, hatten sich an der Schreierei nicht beteiligt. Sie blieben stumm. Ihre Gesichter wurden fahl. Anders reagierten Eduard von Schnitzler, Bernt von Kügelgen, Dr. Günter Kertzscher. Sie stießen sich gegenseitig an und trommelten mit den Fäusten auf die Tischplatten. Wie wildgewordene Studenten nach einer wohlgefälligen Vorlesung.

Auch Heli Weigel, die Witwe von Brecht, die Janka ihre Sympathie durch Zuwinken bekundet hatte, war blass geworden. Betroffen sah sie vor sich hin.

In: Walter Janka: Schwierigkeiten mit der Wahrheit.
Reinbek 1990 (Rowohlt Verlag), S. 90f.

Aufbau-Verlages, Walter Janka, wurden. Janka, der am 6. Dezember 1956 verhaftet worden war, wurde am 26. Juli 1957 wegen Gründung einer „konterrevolutionären Gruppe" zu fünf Jahren Zuchthaus verurteilt.

Bis 1955 war der Personalapparat auf fast 14 900 Mitarbeiter angewachsen. In den folgenden zwei Jahren strebte Wollweber eine Personalkürzung um zehn bis zwanzig Prozent an. Zwar konnte er sich damit nicht in vollem Umfang durchsetzen, doch der Mitarbeiterbestand stagnierte. Ob dieser Personalstopp im Zusammenhang mit Liberalisierungsplänen stand, wie ihm später Ulbricht und Honecker vorhielten, lässt sich nicht abschließend klären.

Zur Steigerung des außerordentlich niedrigen Bildungsniveaus baute die MfS-Führung das Schulungssystem aus, doch auch die interne Aufwertung der Schule Potsdam-Eiche zur „Hochschule" im Jahr 1955 konnte nicht darüber hinwegtäuschen, dass das Gros der Mitarbeiter nur über niedrigste polizeiliche oder geheimdienstliche Ausbildungsstandards verfügte, was die Anwendung primitiver und brutaler Methoden begünstigte.

Eine Kampagne im selben Jahr, mit der gezielt Abiturienten für den MfS-Dienst geworben werden sollten, brachte eine Reihe von neuen Kadern in den Apparat, die allerdings noch intensiver ideologischer Schulung bedurften. Die Zahl der inoffiziellen Mitarbeiter lag 1953 bis 1955 bei etwa 20 000 bis 30 000.[2]

Die Qualität des Spitzelnetzes blieb aber aufgrund der ungleichmäßigen Verteilung und der hohen Fluktuation auf insgesamt recht niedrigem Niveau, so dass die Staatssicherheit in erheblichem

[2] Helmut Müller-Enbergs (Hrsg.): Inoffizielle Mitarbeiter des Ministeriums für Staatssicherheit. Richtlinien und Durchführungsbestimmungen. Berlin 1996, S. 35–37.

Der stellvertretende Minister Bruno Beater hinterbringt Ulbricht angebliche Äußerungen Wollwebers im Februar 1957:

Da ich in der letzten Zeit schon öfter, aber am ... besonders bemerkte, dass der Gen[osse] Wollweber sich mit eigenartigen Auffassungen gegenüber dem ZK unserer Partei, besonders aber zum Gen. Walter Ulbricht befasst, sehe ich mich veranlasst, über die wichtigsten Bemerkungen, die der Gen. Wollweber am 10.2.1957 machte und charakteristisch für seine ganze Einstellung ist [sic!], der Partei zu berichten.

Das Gespräch fand im Eßsaal in Wolletz etwa in der Zeit von 20.00 bis 21.00 Uhr statt. Der Anlass war, dass der Gen. Wollw[eber] dem Gen. Weikert die am Vortage durchgeführte Politbürositzung und dabei gefassten Beschlüsse über neue Aufgaben den Gen. Walter usw. mitteilte. (...) Gen.Wollweber erklärte: (...)

„Mir jetzt vorzuwerfen, dass ich mich über die Partei stellen wollte, ist nicht eine leichte Sache, das ist schon eine ganz anständige Beschuldigung, die

muss [man] erst wieder von mir wegnehmen, sonst kann ich als Minister für Staatssicherheit keinen Tag mehr bleiben. (...)

Wir haben hier einen festen immer bestehenden Komplex in der DDR u. das ist der 17. Juni 53. Der ist nicht wegzudenken.

Ich habe mir das Ziel gestellt, zu beweisen, dass die Tragödie in allen sozialistischen Ländern mit ihrer Staatssicherheit keine Gesetzmäßigkeit ist, sondern diese Übergriffe, die da waren, sind zu ersparen. Dafür bedarf es einer Ordnung, die erst noch zu schaffen sind [sic!] und nur zum Teil erst von mir durchgeführt und jetzt in der Sicherheitsabt[eilung], vor allem der Sicherheitskommission, festgelegt werden müssen [sic!]."

Handschriftliche Notizen Bruno Beaters über ein Gespräch
Wollwebers mit seinen Stellvertretern Beater und Weikert,
10.2.1957. In: Roger Engelmann/Silke Schumann: Kurs auf
die entwickelte Diktatur. Walter Ulbricht, die Entmachtung
Ernst Wollwebers und die Neuausrichtung des Staatssicher-
heitsdienstes 1956/57. Berlin 1995 (BStU) S. 51–54.

Vorbeimarsch der Kampfgruppen während der Maidemonstration auf dem Marx-Engels-Platz in Ost-Berlin, 1. Mai 1955

Erich Mielke über die Entstalinisierung und ihre Folgen, April 1957:

Nicht zurückweichen in der Bekämpfung der Feinde. Es wurde auch in der Staatssicherheit eine Zeit lang zurückgewichen, konnte auch nicht anders sein, wir sind doch nicht abgeschlossen. Mancher kann „Kommunistenschwein" u.ä. sagen und ist deshalb noch kein Gegner, [das] muss immer im Zusammenhang der Lage gesehen werden, aber jetzt, wo der Klassenkampf tobt und sich verschärft, hat dieser Ausdruck eine andere Bedeutung bekommen. (...) Natürlich haben wir auch Aufweichungserscheinungen bei der Justiz, diese führten auch zu Schwankungen in unseren Reihen.

Schlusswort des Genossen Mielke, Sitzungsprotokoll der SED-Kreisleitung, 18.4.1957; BStU, ZA, KL-SED 91, Bl. 232 – 233 und 474 – 483, hier 482.

[3] Dokumentiert in: Joachim Krüger: Votum für bewaffnete Gewalt. Ein Beschluss des SED-Politbüros vom November 1956. In: Beiträge zur Geschichte der Arbeiterbewegung, 34 (1992) 4, S. 75-85.

Maße auf Hinweise von außen angewiesen war, zum Beispiel von Parteistellen.

Nach der nur durch die Sowjetarmee abgewendeten Niederlage des 17. Juni 1953 rüstete sich die SED-Führung besser für den Fall einer kriegerischen Auseinandersetzung oder innerer Unruhen in der DDR.

1954 bildete sie zu diesem Zweck eine Sicherheitskommission sowie Bezirks- und Kreiseinsatzleitungen, in denen auch die Staatssicherheit vertreten war.

Die MfS-Wacheinheiten in den ehemaligen Landeshauptstädten (ausser dem Wachregiment Berlin) wurden mit Teilen der zuvor dem Innenministerium unterstellten Bereitschaftspolizei als „innere Truppen" zusammengeführt. Gemeinsam mit der Grenzpolizei und der Transportpolizei unterstanden sie ab 1955 dem stellvertretenden Minister Gartmann. Da Wollweber die so geformten personalstarken Verbände (nach eigenem Bekunden) als Fremdkörper im MfS betrachtete, wurden sie im Frühjahr 1957 dem Innenministerium unterstellt. Damit blieb das Wachregiment Berlin der einzige militärische Verband des MfS.

Den ungarischen Volksaufstand im Oktober 1956 und die Junikrise vor Augen, verabschiedete das Politbüro im November 1956 einen mehrstufigen Plan zur Niederschlagung innerer Unruhen durch die bewaffneten Organe der DDR sowie, falls notwendig, auch durch sowjetische Truppen. Der „1. Etappe" des Einsatzplans zufolge sollten Unruhen zunächst durch die Volkspolizei, bewaffnete MfS-Einheiten sowie die paramilitärischen Kampfgruppen der Arbeiterklasse mit „einfachen polizeilichen Mitteln" wie Wasserwerfern und Absperrungen niedergeschlagen werden. NVA-Einheiten sollten nur in Ausnahmefällen eingesetzt werden. [3]

5 Der Ausbau zur Sicherheitsbürokratie

An die Stelle Wollwebers trat im November 1957 Erich Mielke. Während seine Vorgänger sich in erster Linie auf sowjetische Protektion stützen konnten, hatte sich Mielke als Gefolgsmann von Walter Ulbricht profiliert. Der Apparat der Staatssicherheit unterstand damit nun unangefochten der politischen Anleitung des Ersten Sekretärs der SED. Selbst Mielke verweigerte Ulbricht allerdings die Aufnahme in das Politbüro als höchstes Parteigremium. Die Kontrolle durch die formell zuständigen Parteiinstanzen wie die ZK-Abteilung für Sicherheitsfragen bzw. den zuständigen ZK-Sekretär, Erich Honecker, blieb dagegen schwach.

Der sowjetische KGB verringerte seine Präsenz im MfS-Apparat 1958 erheblich. Von den zuvor allgegenwärtigen sowjetischen „Beratern" blieben nur noch 32 Verbindungsoffiziere im Ministerium. Das Verhältnis war damit stärker von Kooperation als Subordination geprägt, doch unterhielt der KGB bis 1990 ein eigenes Netz von Residenturen und Agenten in der DDR, geführt von einer Außenstelle seiner 1. Hauptverwaltung (Spionage) in Berlin-Karls-

Die Doktrin der politisch-ideologischen Diversion, 1958:

Die ideologische Diversion ist die Methode des Feindes zur Zersetzung der Partei, um ihre führende Rolle beim Aufbau des Sozialismus zu beseitigen, zur Aufweichung der DDR und des ganzen sozialistischen Lagers.

Die Analyse der feindlichen Propaganda muss uns in die Lage versetzen, zu entscheiden, welche Vorkommnisse sind die Auswirkungen der Feindpropaganda. Die operative Bearbeitung der Personen, die feindliche, parteischädigende Äußerungen tun, ist zu organisieren. Besonders sind diejenigen Personen zu beobachten, die Verbindung zum Zwecke feindlicher Tätigkeit zu der opportunistischen Gruppe Schirdewan – Wollweber und andere haben.

Berichterstattung über die 35. Tagung des ZK, Protokoll der Kollegiumssitzung am 20.2.1958; BStU, ZA, SdM 1554, Bl. 63.

Präsident Wilhelm Pieck (rechts) vereidigt nach der Volkskammerwahl 1958 Erich Mielke erneut als Minister für Staatssicherheit, 8. Dezember 1958

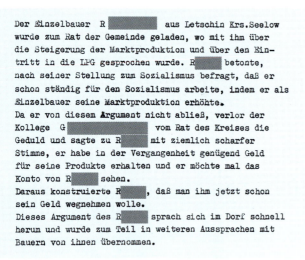

Auszüge aus einer MfS-Information vom 15. März 1960 zum Vorgehen der Werbe- und Kampfbrigaden während der Kollektivierungskampagne
Quelle: BStU, ZA, SdM 1198, Bl. 8–20

[1] Schreiben von Bruno Beater an die Leiter der Bezirksverwaltungen vom 21.11.1960; BStU, ZA, DSt 101156.

horst mit ca. 800 bis 1 200 Mitarbeitern, sowie bei der Gruppe der Sowjetischen Streitkräfte in Deutschland (GSSD) eine Residentur seiner Militärabwehr (3. KGB-Hauptverwaltung).

Die inneren Unruhen in Polen und Ungarn sowie das Aufbegehren von Parteiintellektuellen und Studenten in der DDR gaben Ulbricht Anlass für einen erneuten Kurswechsel: Er verschob den Schwerpunkt wieder von den direkten Aktionen gegen westliche Geheimdienste und Untergrundorganisationen auf die inneren oppositionellen Kräfte in der DDR, die von „imperialistischer" Ideologie beeinflusst, „aufgeweicht" und „zersetzt" seien. Mielke nahm diesen Kurswechsel bereitwillig auf. Die Stalinkritik des XX. KPdSU-Parteitags hatte er ohnehin demonstrativ abgelehnt und aus seiner Verehrung für den „großen Sowjetführer" auch später keinen Hehl gemacht. 1957/58 entwickelte er, im Einklang mit der neuen Parteilinie des 35. ZK-Plenums, den für die weitere Feindbilddefinition des MfS zentralen Begriff der „politisch-ideologischen Diversion" (PID). Er führte alle Formen innerer Opposition in sozialistischen Ländern auf den Einfluss „imperialistischer Feindzentralen" zurück, gleich, ob dabei eine direkte, nachweisbare geheimdienstliche Steuerung vorlag oder nur geistige Einflüsse geltend gemacht wurden. Besonders Positionen eines demokratischen und stalinismuskritischen Sozialismus innerhalb und außerhalb der SED nahm die Staatssicherheit ins Visier, gegeißelt als „Sozialdemokratismus, Opportunismus, Revisionismus".[1] Mit der „politisch-ideologischen Diversion" begründete die Staatssicherheit in den folgenden Jahrzehnten ihre ständig wachsende Präsenz in allen Lebensbereichen.

Zwischen dem V. Parteitag der SED 1958 und dem Mauerbau 1961 lag die Hauptaufgabe des MfS im Kampf gegen die Republikflucht, deren Inspiratoren und Organisatoren dingfest gemacht werden sollten. In den Werbe- und Kampfbrigaden, die die Kollektivierungskampagne in der Landwirtschaft 1959/60 vorantrieben, war eine große Zahl von MfS-Mitarbeitern engagiert. Bauern wurden in Verhören psychisch unter Druck gesetzt und von Schnellgerichten mit Strafen für tatsächliche oder fiktive Vergehen bedroht, wenn sie sich nicht zum Eintritt in die Landwirtschaftlichen Produktionsgenossenschaften bereit fanden.

Nach Schließung der Sektorengrenze in Berlin griff das MfS erneut hart durch und verhaftete viele DDR-Bürger, die gegen den Mauerbau protestiert hatten, aber auch andere missliebige Personen, die bislang geschont worden waren, um Unruhe (und damit ein weiteres Ansteigen der Westfluchten) zu vermeiden. Direkte Zwangsmaßnahmen blieben also auch weiterhin ein wesentliches und als latente Drohung ausgesprochen wirksames Instrument des MfS. Doch gewannen jetzt andere Methoden der geheimdienstlichen Überwachung an Stellenwert. Durch die machtpolitische Konsolidierung nach dem „heimlichen Gründungstag der DDR" (Dietrich Staritz) im August 1961 und durch die neuen Entstalinisierungsimpulse des XXII. Parteitages der KPdSU im Oktober 1961 verschob sich der Handlungsrahmen der Staatssicherheit: Die SED-Führung unter Ulbricht suchte nach einer Erweiterung ihrer Legitimation.

Die Veränderungen berührten zum einen die geheimpolizeilichen Praktiken: Untersuchungsführer

Kapitel 5 *Der Ausbau zur Sicherheitsbürokratie*

Am 13. August 1961 ließ die DDR-Führung die Sektorengrenze nach West-Berlin schließen. Der Bau der Mauer begann wenige Tage später, wie hier an der Lindenstraße an der Grenze zum Stadtbezirk Kreuzberg

und Gefängniswärter ergingen sich seltener in offenen Brutalitäten gegen Häftlinge; die noch immer unwürdigen Haftbedingungen erfuhren eine gewisse Milderung. Das Repertoire kriminalistischer und geheimdienstlicher Methoden verbreitete sich, nicht zuletzt ermöglichten die ständig steigende Zahl der hauptamtlichen Mitarbeiter und die quantitative und qualitative Verbesserung des Spitzelnetzes, das geheimpolizeiliche Wirken in das Vorfeld oppositioneller Aktivitäten auszudehnen.

Zum anderen trat neben die direkte Verfolgung die präventive Erkundung potentieller Unruheherde als wichtigstes Arbeitsfeld. Der Kampf gegen die angeblich allgegenwärtige „politisch-ideologische Diversion" lieferte Mielke die Legitimation dafür, die Staatssicherheit zu einer „autorisierte[n] Kon-

Nach dem Mauerbau gerät das Ministerium für Staatssicherheit in die Kritik. Ein Papier aus der Parteiführung, 1962:

In der Arbeit der Staatssicherheit gibt es im wesentlichen folgende Hauptschwächen, die in der gegenwärtigen Situation besonders hervortreten und schnell überwunden werden müssen:

1. Erledigung von Aufgaben, die nicht in den Kompetenzbereich des Ministeriums für Staatssicherheit gehören und die Organe von ihrer Hauptaufgabe abhalten, die darin besteht, mit aller Konsequenz die Spionageagenturen der imperialistischen Geheimdienste und die Agenten feindlicher Zentralen zur Organisierung der Spionage, der Untergrundtätigkeit und der ideologischen Diversion in der DDR aufzudecken und unschädlich zu machen.

2. Gesetzesverletzungen bei der Durchführung der Ermittlungs- und Untersuchungsarbeit und Festhalten an solchen Aufgaben und Methoden, die auf Grund unserer gesellschaftlichen Entwicklung heute nicht mehr notwendig sind und zu Störungen der Beziehungen mancher Bürger zu unserem Staat führen können. (...)

Eine Reihe von Rechtsnormen werden dahingehend verletzt, *dass gesetzliche Ausnahmebestimmungen zur Regel gemacht werden*:

– die Verhaftung von Beschuldigten soll in der Regel auf Grundlage eines richterlichen Haftbefehls erfolgen. Es besteht nach wie vor die Praxis, dass die beschuldigten Personen größtenteils ohne richterlichen Haftbefehl festgenommen werden und erst nach der Festnahme der richterliche Haftbefehl erwirkt wird. (...)

– die Hausdurchsuchungen werden in der Regel ohne Anordnung des Staatsanwalts durchgeführt. (...)

Es muss eingeschätzt werden, dass die Staatsanwaltschaft Abt. I ungenügend die Aufsicht über die Arbeit der Untersuchungsorgane des Ministeriums für Staatssicherheit, wie es das Gesetz über die Staatsanwaltschaft der Deutschen Demokratischen Republik vom 23.5.1952 fordert, ausübt.

Zur Erfüllung der Hauptaufgaben in der operativen Arbeit müssen sich alle Organe des Ministeriums für Staatssicherheit von Aufgaben freimachen, die nicht in ihren Kompetenzbereich fallen. (...)

Im Arbeitsplan der zentralen Informationsstelle des Ministeriums für Staatssicherheit für das 1. Halbjahr 1962 werden u.a. folgende Aufgaben gestellt:

– Februar: Analyse über den Krankenstand, seine Ursachen und Maßnahmen zur Reduzierung. (...)

– März: 1. Bericht über Mängel und Schwächen in der politischen Führungstätigkeit der VVB Baumwolle bei der Durchsetzung des technisch-wissenschaftlichen Fortschritts in den Baumwollspinnereien. (...)

2. Bericht über die Situation auf dem Gebiet der Wirtschaftswissenschaft in Forschung und Lehre an den Universitäten Berlin, Leipzig, Halle, Rostock, Jena. (...)

– April: Bericht über Mängel und Schwächen in der Leitungstätigkeit und der Arbeit der volkseigenen Güter (...)

Aus dieser umfangreichen Informations- und Überprüfungsarbeit ergibt sich zwangsläufig, dass

– sich die Organe des Ministeriums für Staatssicherheit in die Kompetenz und Verantwortung anderer Staats- und Wirtschaftsorgane einmischen;

– der eigene Apparat der Staatssicherheit von seiner Hauptaufgabe der Bekämpfung des Staatsverbrechens abgelenkt werden kann und die anderen Organe des Staates und der Wirtschaft in ihrer eigenen Arbeit gehemmt werden und für das Ministerium für Staatssicherheit Materialien erarbeiten. (...)

Aus der nicht richtigen operativen Aufgabenstellung ergibt sich, dass der Kreis der Bürger, über die von den Organen des Ministeriums für Staatssicherheit Ermittlungen geführt werden, sehr groß ist und hat in vielen Fällen nichts mit der Aufdeckung und Liquidierung der Feindtätigkeit zu tun (sic!).

So werden Ermittlungen geführt bei:

– der Erarbeitung der obengenannten Informationsberichte über Bürger und Funktionäre aus allen Bereichen des gesellschaftlichen Lebens einschließlich unserer Partei;

– kadermäßigen Veränderungen von leitenden Staats- und Wirtschaftsfunktionären. Eine Grenze, bei welcher Nomenklatur die Ermittlungen beginnen, gibt es nicht, es ist praktisch dem einzelnen Mitarbeiter selbst überlassen;

– Delegationen in das befreundete und kapitalistische Ausland.

Dadurch wird täglich eine Vielzahl von Bürgern der Republik von den Organen des Ministeriums befragt. Diese Ermittlungen und Kontrollen werden auch von den Organen des Ministeriums für Staatssicherheit benutzt, um Einfluss zu nehmen auf die Besetzung von Funktionen im Staats- und Wirtschaftsapparat bzw. zu bestimmen, ob dieser Bürger eingesetzt wird oder nicht.

Ungezeichnetes Papier aus dem Büro Ulbricht, 1962;
SAPMO-BArch DY 30, IV 2/202/62.

Der von der DDR-Flugzeugindustrie entwickelte Prototyp 152 V-1 war das erste deutsche Strahlverkehrsflugzeug. Das Flugzeug stürzte am 4. März 1959 während eines Testfluges ab

trollinstanz gegenüber dem übrigen Staatsapparat" auszubauen, wie der hohe SED-Funktionär Hermann Matern 1962 kritisierte.[2]

Über die zukünftige Rolle der Staatssicherheit in der ummauerten Republik war zu diesem Zeitpunkt in der Parteiführung noch keineswegs entschieden: Das noch immer bedeutsame sowjetische Vorbild KGB musste sich im Tauwetter unter Chruschtschow neu orientieren, Ulbricht propagierte die „sozialistische Menschengemeinschaft" und initiierte Reformen, Armee und Polizei mussten Etatkürzungen hinnehmen.

Doch so wie es dem ZK-Sekretär Erich Honecker gelang, die „konservativen" Interessen des Parteiapparats gegen jeglichen Reformgeist in Stellung zu bringen, so setzte sich Erich Mielke ab 1963/64 mit seinen Vorstellungen für den Ausbau der Staatssicherheit durch. Systematisch erweiterte das MfS in den sechziger Jahren seine geheimdienstliche Berichterstattung an die SED-Spitze sowie die interne Analyse.

Die Wirtschaftsreformen des „Neuen Ökonomischen Systems" seit 1963 nahm das MfS zum Anlass für verstärkte Aktivitäten in der Volkswirtschaft. Zuvor hatte es bereits das ehrgeizige und rüstungspolitisch „sensible" Projekt, in der DDR eine Flugzeugindustrie aufzubauen, in geradezu prototypischer Weise intensiv überwacht, vor allem um die dort tätigen Ingenieure (die als „unsichere Kantonisten" galten) unter Kontrolle zu halten. Das Politbüro brach schließlich 1962 das Projekt ab – sein Scheitern hatte auch die Staatssicherheit nicht zu verhindern gewusst.

Die Aufdeckung feindlicher Aktivitäten in der Wirtschaft sei, so Mielke, die Hauptaufgabe des MfS, um zur Produktivitätssteigerung beizutragen. Ab 1964 verankerte sich das MfS mit einem Netz von „Sicherheitsbeauftragten", an dessen Spitze die Abteilung Inspektion des Ministerrats stand. In der Spitze der Wirtschaftsbürokratie (Ministerien, Ämter), den zentral geleiteten Vereinigungen Volkseigener Betriebe sowie 459 wichtigen Kombinaten, Betrieben und Einrichtungen wurden die Positionen der Sicherheitsbeauftragten von Offizieren im besonderen Einsatz (OibE) besetzt. Oberster Wirtschafts-OibE war seit 1968 der Staatssekretär und Leiter der Abteilung Inspektion im Ministerrat Harry Möbis.

Im Geiste der Prävention strebte die Staatssicherheit nicht nur danach, tendenziell in jedem Bereich der Gesellschaft präsent zu sein, sondern integrierte auch verstärkt personalintensive Polizeiaufgaben, die mit einer geheimdienstlichen Tätigkeit nur indirekt zu tun hatten, wie zum Beispiel die Passkontrollen an den Grenzübergangsstellen der DDR 1962 und die Überwachung des Reiseverkehrs über

[2] Hermann Matern auf der 2. Kreisdelegiertenkonferenz des MfS; SAPMO-BArch, DY 30 A 2/12/128, o. Pag.

die deutsch-deutsche Grenze 1963/64. Die für diese Zwecke gebildeten Arbeitsgruppen wurden 1970 zur Hauptabteilung VI vereinigt. Dieses zusätzliche Feld ergab sich aus den Erfahrungen der zeitlich begrenzten Passierscheinabkommen in den Jahren 1963 bis 1966, die es Westberlinern erstmals seit dem Mauerbau ermöglichten, den Ostteil der Stadt zu besuchen.

Das MfS hatte sich zur Aufgabe gemacht, den Ansturm von rund 1,2 Millionen Besuchen allein zu Weihnachten 1963 geheimdienstlich zu überwachen und dafür alle Mitarbeiter zu Sondereinsätzen verpflichtet. Außerdem kam die (bereits seit 1959 von einem OibE geleitete) Grenzspionageeinheit der Grenzpolizei 1961/62 zum MfS, während mit der NVA-Militärspionage eine tragfähige Aufgabenteilung verabredet wurde. Damit festigte die Staatssicherheit ihre Position gegenüber den anderen bewaffneten Organen.

Ein atmosphärisch bedeutsames Einflußfeld stellte auch der „Personenschutz" für die Staats- und Parteifunktionäre dar: Das MfS stellte nicht nur die Leibwächter, sondern das gesamte Personal der Wandlitzer Politbürosiedlung bis zur letzten Verkäuferin im speziell mit Westprodukten bestückten Supermarkt. Die dort wohnenden Funktionäre und

Offiziere im besonderen Einsatz, 1965:

Dem Ministerium für Staatssicherheit wurde vom VI. Parteitag der Sozialistischen Einheitspartei Deutschlands die verpflichtende Aufgabe gestellt, auch weiterhin den Frieden, den umfassenden Aufbau des Sozialismus und die Freiheit, das Leben und das Eigentum der Bürger der Deutschen Demokratischen Republik vor allen Anschlägen des Feindes zuverlässig zu schützen.

Die Realisierung dieser Aufgabenstellung erfordert u.a., dass an wichtigen Stellen in den Organen des Staates, der Wirtschaft, in gesellschaftlichen Organisationen und Einrichtungen der Deutschen Demokratischen Republik und zur inneren und äußeren Abwehr Angehörige des Ministeriums für Staatssicherheit eingesetzt werden.

Diese Angehörigen des Ministeriums für Staatssicherheit werden unter der Bezeichnung „Offiziere im besonderen Einsatz" geführt.

Grundsätze zur Regelung des Dienstverhältnisses und der Arbeit mit den auf dem Gebiet der Abwehr tätigen „Offizieren im besonderen Einsatz" des Ministeriums für Staatssicherheit, vom 1.3.1965; BStU, ZA, DSt 102131, S. 3.

Grenzübergang Bornholmer Straße, Berlin. Die Passkontrolle an den Grenzübergängen wurde ab Mitte 1968 ausschließlich von Mitarbeitern der späteren Hauptabteilung VI vorgenommen, die eng mit dem Zoll und den Grenztruppen zusammenarbeiteten. Zur Tarnung traten sie in den Uniformen von Grenzsoldaten oder Angestellten der DDR-Fluggesellschaft „Interflug" auf. Personen aus dem Westen, die mit dem Staatssicherheitsdienst zusammenarbeiten wollten (so genannte „Selbstanbieter"), wurden von den MfS-Mitarbeitern registriert und an die zuständige Diensteinheit des MfS weitergeleitet

Kapitel 5 *Der Ausbau zur Sicherheitsbürokratie*

Weihnachten 1963: Ansturm von Westberlinern an einem Grenzübergang nach Ost-Berlin während des Passierscheinabkommens

ihre Familien genossen mithin eine Rundumversorgung aus der Hand des MfS.

Ein breites Betätigungsfeld fand die Staatssicherheit in den sechziger Jahren im Propagandakrieg gegen die Bundesrepublik. Sie benutzte ihre seit den vierziger Jahren aufgebaute Sammlung von NS-Materialien, um wirkliche oder vermeintliche NS-Täter anzuprangern, die in der Bundesrepublik Ämter inne hatten, zum Beispiel in Politik und Wirtschaft, Justiz und Polizei. Der Eichmann-Prozeß in Jerusalem 1961 sowie die NS-Prozesse in der Bundesrepublik lieferten hierzu die Anlässe. Hierbei diente in der DDR ermitteltes KZ-Personal als „unter kontinuierlicher Beobachtung stehender Pool"[3], aus dem sich Spitzel werben ließen, falls erforderlich aber auch Angeklagte für Gerichtsverfahren ausgewählt wurden. Partei und MfS inszenierten gegen Bonner Politiker in Abwesenheit Prozesse und lancierten im Westen (zur Not auch gefälschte) Belastungsdokumente. Auf der anderen Seite behielten sie Ermittlungsergebnisse über den Aufenthaltsort von NS-Tätern, wie den mutmaßlichen Mörder des KPD-Führers Ernst Thälmann, Erich Gust, für sich, um den westdeutschen Justizbehörden Unwillen und Untätigkeit vorwerfen zu können.

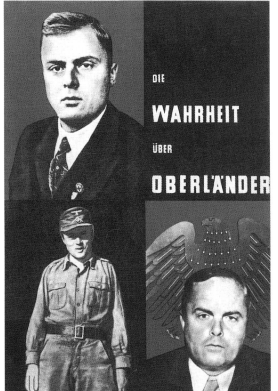

Der Bundesvertriebenenminister Prof. Dr. Theodor Oberländer wurde vom Obersten Gericht im April 1960 in Abwesenheit zu lebenslangem Zuchthaus verurteilt.
Cover einer Broschüre, hrsg. vom Ausschuß für Deutsche Einheit, Berlin 1960

[3] Insa Eschebach: „Ermittlungskomplex Ravensbrück". Das Frauenkonzentrationslager in den Akten des Ministeriums für Staatssicherheit (MfS). In: Internationale Wissenschaftliche Korrespondenz zur Geschichte der Arbeiterbewegung, 33(1997)2, S. 212-231, hier 231.

Kapitel 5 Der Ausbau zur Sicherheitsbürokratie

Appell aus Anlaß der Namensverleihung an das Wachregiment, Erich Mielke beim Abschreiten der Front, 15. Dezember 1967

[4] Klaus Dietmar Henke: Staatssicherheit. In: Werner Weidenfeld/Karl-Rudolf Korte (Hrsg.): Handbuch zur deutschen Einheit. Neuausgabe Bonn 1996, S. 646–653, hier 647.

Der Finanzökonom Bernd Eisenfeld verteilte diese Flugblätter am 21. September 1968 vor einem Kino in Halle. Er wurde festgenommen und später zu 2 Jahren und 6 Monaten Haft verurteilt. Quelle: Bernd Eisenfeld, privat

Schließlich bereitete sich die Staatssicherheit seit 1958 intensiver auf Einsätze im Spannungs- und Verteidigungsfall vor. Alle Mitarbeiter erhielten eine militärische Ausbildung. Die (seit 1953 existierende) Sabotageeinheit des MfS erhielt 1962 Verstärkung durch NVA-Spezialkräfte für „Partisaneneinsätze", die auch westdeutsche Kommunisten als Untergrundkämpfer ausgebildet und ein logistisches Netz in der Bundesrepublik aufgebaut hatten. 1964 befahl Mielke eine Spezialausbildung von militärischen Einzelkämpfern (Funker, Taucher, Fallschirmspringer, Sprengspezialisten).

Außerdem sind seit 1959 erste Hinweise darauf zu finden, dass „feindlich-negative" Kräfte im Spannungsfall in Isolierungshaft genommen werden sollten. Die Mobilmachungsdirektive 1/67 enthielt ein detailliertes System zur Schaffung von Isolierungslagern.

Das Wachregiment des MfS wurde erheblich ausgebaut; 1967 wurde ihm der Ehrenname „Feliks E. Dzierzynski", nach dem Begründer der Tscheka, verliehen. Es verfügte 1970 über eine Personalstärke von ca. 7 900 Mann.

Die zementierte Machtposition der SED „im Schatten der Mauer", die zeitweilige jugend- und kulturpolitische Liberalisierung bis zum „Kahlschlagplenum" im Dezember 1965 und die Wirtschaftsreform stellten die Rolle und Position der Staatssicherheit nur zeitweilig infrage. Ab 1964 erweiterte sie vielmehr aufs Neue ihren Personalbestand – und ging ab 1968 zur ungehemmten Expansion über.

Zu Beginn der Ära Mielke Ende 1957 hatte das MfS 17 400 Mitarbeiter, 1971 erreichte es einen Stand von 45 500 hauptamtlich Bediensteten. Zu den wichtigsten internen Nutznießern gehörte der zentrale Ministerialapparat. Mit erheblichem Aufwand betrieb das MfS nun auch die Aus- und die Weiterbildung seiner Mitarbeiter.

Die Staatssicherheit entfaltete sich zur poststalinistischen Großbürokratie, zu einem „Generalunternehmen für Sicherheit, Machtsicherung und Unterdrückung".[4]

```
D e n k   b i t t e    n a c h !

        b i t t e ,   s c h w e i g   n i c h t !!


" Unter Annexion oder Aneignung fremder Territorein
versteht die Regierung, im Einklang mit dem Rechts-
bewußtsein der Demokratie im allgemeinen und der werk-
tätigen Klassen im besonderen, jede Angliederung einer
kleinen oder schwachen Völkerschaft an einen großen
oder mächtigen Staat, ohne daß diese Völkerschaft
ihr Einverständnis und ihren Wunsch unmißverständlich,
klar und freiwillig zum Ausdruck gebracht hat.

Wenn irgendeine Nation mit Gewalt, entgegen ihrer zum
Ausdruck gebrachten Wunsch, gleichviel, ob dieser
Wunsch in der Presse oder in Volksversammlungen, in
Beschlüssen der Parteien oder in Empörungen und Auf-
ständen gegen die nationale Unterdrückung geäußert
wurde - das Recht vorenthalten wird, nach vollständiger
Zurückziehung der Truppen der annektierenden oder
überhaupt der stärkeren Nation in freier Abstimmung
über die Formen ihrer staatlichen Existenz ohne den
mindesten Zwang selbst zu entscheiden,so ist eine
solche Angliederung eine Annexion, d.h. eine Eroberung
und Vergewaltigung. "


         ( L e n i n - "Dekret über den Frieden" )
```

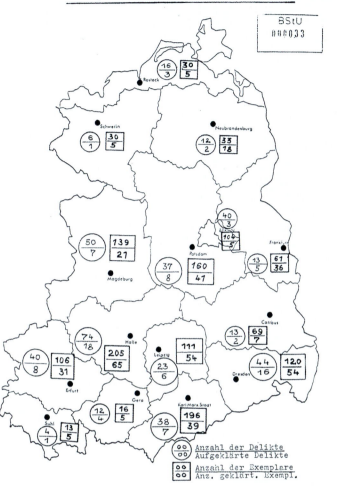

MfS-Übersicht zu Protestaktionen in der DDR.
Quelle: BStU, ZA, HA XX AKG Nr.804, Bl.33

Als Testfall für die Effizienz des Apparats erwies sich 1968 der Prager Frühling und sein gewaltsames Ende durch Truppen des Warschauer Pakts. Dieser (historisch letzte) Versuch, einen humanen und demokratischen Reformkommunismus zu gestalten, entsprach geradezu idealtypisch der MfS-Feindperzeption einer „politisch-ideologischen Diversion". Die DDR-Staatssicherheit beteiligte sich mit eigenen Kräften daran, den Gang der Ereignisse in der ČSSR zu wenden; nach der erfolgreichen Niederschlagung half sie der tschechoslowakischen Geheimpolizei, ihren Apparat von Reformkräften zu säubern und zu straffen.

In der DDR selbst gab es eine Welle von über 2 100 Protesten und mehr als 500 Ermittlungsverfahren, vornehmlich wegen „staatsfeindlicher Hetze", gegen DDR-Bürger, die sich öffentlich mit der Sache des Prager Frühlings solidarisiert hatten. Doch das MfS konnte resümieren: „Es gab keine ernsthaften, einen größeren Bevölkerungskreis oder bestimmte Bevölkerungsgruppen umfassende Missstimmungen, Unruhen oder Vorkommnisse, die sich zu politischen Aktionen gegen die DDR und die Maßnahmen der fünf Warschauer Vertragsstaaten hätten ausweiten können."[5] Insofern hatte die Staatssicherheit ihre repressive Funktion durchaus erfüllt. Allerdings hatte die vorbeugende Überwachung Lücken gezeigt: Nicht einmal ein Viertel aller registrierten Protestaktionen wurde aufgeklärt und in den Fällen, wo das MfS erfolgreich war, stellte sich heraus, dass es sich zumeist um Personen handelte, die zuvor nicht negativ aufgefallen waren.

[5] Zitiert nach Monika Tantzscher: „Maßnahme Donau und Einsatz Genesung". Die Niederschlagung des Prager Frühlings 1968/69 im Spiegel der MfS-Akten. Hg. BStU, Berlin 1994, S. 35f. und 122.

Protestaktion auf der Fernverkehrsstraße 96, Ermittlungsfoto des MfS vom 27./28. August 1968
Quelle: BStU

6 Inneres Abwehrorgan gegen Entspannung

Im Mai 1971 stürzte Erich Honecker seinen langjährigen Förderer Walter Ulbricht und stieg zum Ersten Sekretär des ZK der SED auf. Erich Mielke war faktisch bereits zuvor mit dem neuen Parteiführer eine Art „Interessenkoalition" eingegangen. Nun gehörte der Minister für Staatssicherheit zu den Nutznießern des Führungswechsels. Auf dem VIII. Parteitag der SED 1971 wählte ihn das Zentralkomitee zum Kandidaten des Politbüros. Fünf Jahre später wurde er stimmberechtigtes Mitglied im obersten Führungsgremium der Einheitspartei. Walter Ulbricht ließ er nun sogar von seinen Leibwächtern überwachen.

Doch die Position des Ministers für Staatssicherheit in der Hierarchie des SED-Staates ist damit nur unvollkommen beschrieben: Entscheidende Fragen der MfS-Tätigkeit beriet Honecker mit Mielke in wöchentlichen Vier-Augen-Gesprächen. Der Minister gehörte damit zum engsten Führungskreis innerhalb der Politbürokratie. Der Aufstieg ins Politbüro erweiterte Mielkes politischen Spielraum. Während nach außen der Eindruck der bedingungslosen Unterordnung unter den Parteichef vorherrschte, deuten einige Indizien darauf hin, dass das Verhältnis auch von Konflikten und „Gruppeninteressen" der Staatssicherheit beeinflusst war.

Von links: Erich Mielke mit Erich Honecker und Walter Ulbricht, Ende der 60er Jahre

Die auf internationale Anerkennung konzentrierte Außenpolitik der DDR und die damit verbundene partielle Öffnung zum Westen stellte das Ministerium für Staatssicherheit in den siebziger Jahren vor eine „außerordentliche Bewährungsprobe"[1]. Das Ziel der Staats- und Parteiführung, die außenpolitische Isolation der DDR zu durchbrechen und aus der internationalen Reputation Legitimität zu schöpfen, verlangte Konzessionen hinsichtlich der gesellschaftlichen Öffnung der DDR – und deren innenpolitische Konsequenzen hatte die Staatssicherheit aufzufangen. Auf den deutsch-deutschen Grundlagenvertrag vom 21. Dezember 1972 reagierte die SED mit umfangreichen Sicherungsmaßnahmen, um die fortan stark zunehmenden Kontakte von DDR-Bürgern zu Westdeutschen unter Kontrolle halten zu können.

Erich Honecker im „Neuen Deutschland", Januar 1973:

Wir sind für die Erweiterung der Beziehungen. Das trifft auch für Kontakte zwischen Vertretern der Öffentlichkeit, gesellschaftlichen Organisationen, den Tourismus, die Sportbeziehungen und auch private Kontakte zu. Aber es versteht sich, dass dabei die Souveränität jedes Staates geachtet werden muss, dass niemand das Recht hat, sich in die inneren Angelegenheiten des anderen Staates einzumischen, und dass die Gesetze, die Bräuche und Traditionen berücksichtigt werden müssen. Wer sich dagegen wendet, der will keine normalen Beziehungen, sondern verfolgt unter falschem Vorwand böswillige Absichten, denen man entschieden entgegentreten muß. Dies trifft auch zu für den Mißbrauch von Vergünstigungen, die in bereits abgeschlossenen Verträgen und Abkommen enthalten sind. Ich meine hier beispielsweise den schon erwähnten Mißbrauch der Transitwege durch die DDR.

Der Kampf um die Durchsetzung der Prinzipien der friedlichen Koexistenz zwischen der DDR und der BRD birgt also - wie überhaupt in der Welt - viele Probleme in sich. Wir behalten stets zwei Dinge vor Augen: unseren Beitrag für die Entspannung in Europa zu leisten und zugleich jeden Versuch zu durchkreuzen, die Sicherheit und stabile Entwicklung unserer Deutschen Demokratischen Republik – unter welchen Vorzeichen auch immer – anzutasten.

„Unsere Kampfkraft stärken und vorwärtsschreiten zum Wohl des ganzen Volkes". Interview mit Erich Honecker, Erster Sekretär des ZK der SED, zum Beginn der Parteiwahlen 1973/74, Neues Deutschland 1.11.1973, S. 3-5, hier 4.

[1] Referat Erich Mielkes auf der Dienstkonferenz am 10.3.1972, S. 1; BStU, ZA, DSt 102209.

Walter Ulbrichts Leibwächter erstattet Bericht über dessen Aktivitäten. Quelle: BStU, ZA, SdM 1423

Markus Wolf über das Verhältnis zwischen Honecker und Mielke:

Aber entgegen der Vorstellung von der „Tafelrunde", um ein Wort Christoph Heins zu gebrauchen, waren und blieben die beiden Erichs bis zuletzt feindliche Brüder. Bei der Ablösung Ulbrichts hatte Mielke den Zug der Zeit erkannt und sich mit Honecker zusammengetan. Dennoch kam Mielke lange Zeit nur schwer damit zurecht, in Honecker seinen Chef zu sehen. Zu der Zeit betrachtete er eher Juri Andropow als seinen großen Meister, wenngleich der dem Bild eines Chefs nicht so recht entsprach. Andropow war im Grunde ein sehr ziviler Mensch, ein Denker, der sogar Gedichte schrieb. Honecker gegenüber kam sich Mielke traditionsbeladener und in Sicherheitsfragen kompetenter vor. (...) Bei Honecker selbst musste er natürlich die Spielregeln einhalten. Bis zu Ulbrichts Sturz informierte er Honecker aber kaum oder gar nicht über Vorgänge, die er an Ulbricht herantrug. Er hatte über Honecker wie über jeden anderen in der Parteiführung Material gesammelt. So wie er Hermann Matern verdächtigte, dieser habe für die Gestapo gearbeitet, und uns ständig anhielt, dafür Beweise aus westlichen Archiven beizubringen, waren die Umstände der Flucht Honeckers aus dem Zuchthaus Brandenburg und der Rückkehr dorthin zurück kurz vor Kriegsende Gegenstand seines größten Interesses. Später war Honecker nicht ohne sein Zutun zum ersten Mann in Partei und Staat geworden. (...) Dann kam die Zeit, als beide gemeinsam, meist im Anschluss an die Dienstagssitzung des Politbüros, Sicherheitsfragen erörterten. Da akzeptierte Mielke ihn schon. Das weihevolle Gehabe verstärkte sich, wenn während eines Gesprächs im Zimmer des Ministers das besondere Telefon läutete. Aber es entstand nichts als eine Gemeinschaft, gegründet auf der gemeinsamen Erkenntnis, aufeinander angewiesen zu sein. Wenn Honecker ihm und dem Ministerium gegenüber anders reagierte, als er es erwartete, brach Mielke sofort in heftige Missfallensbekundungen aus. So ungehobelt und hart er anderen gegenüber sein konnte, so mimosenhaft reagierte er auf Kritik des einzigen Vorgesetzten.

Markus Wolf: In eigenem Auftrag. Bekenntnisse und Einsichten. München 1991 (Schneekluth Verlag), S. 208–210.

42

Protestplakat von DDR-Bürgern vor der Dresdener Kreuzkirche am 13. Februar 1982. Das eingekreiste „A" steht für Ausreise. Quelle: BStU, Außenstelle Dresden, AU 896/89, Bd. 2, Bl. 30

Zur Herausforderung wurde auch die internationale Debatte um die Einhaltung der Menschen- und Bürgerrechte, vor allem nach der Unterzeichnung der Schlußakte der Konferenz über Sicherheit und Zusammenarbeit in Europa (KSZE) in Helsinki 1975. Die damit von der SED offiziell anerkannten Garantien der Meinungsfreiheit und der Freizügigkeit nahmen viele DDR-Bürger zum Anlaß, innenpolitische Veränderungen zu fordern. Neben den quantitativ eher kleinen, aber politisch bedeutsamen Bürgerrechtsinitiativen rückten ausreisewillige DDR-Bürger in den Mittelpunkt der MfS-Verfolgung. Die „Zurückdrängung von unrechtmäßigen Übersiedlungsersuchen" wurde zu einer der wichtigsten Aufgaben.

Das Bemühen der DDR-Führung um internationale Reputation und die sprunghaft wachsenden „feindlichen" Einflüsse durch Westkontakte von DDR-Bürgern schmälerten den Spielraum des MfS für offene Gewaltmaßnahmen. Die Staatssicherheit nahm diese Veränderung allerdings keineswegs zum Anlass, ihre Aktivitäten zu drosseln – im Gegenteil: Sie steigerte den Grad der verdeckten Überwachung und modifizierte ihre Methoden.

Mit Hilfe des erheblich ausgebauten Netzes von inoffiziellen Mitarbeitern sollte nicht nur jede „feindliche" Aktivität bereits im Ansatz aufgedeckt, sondern auch mit konspirativen Mitteln, die für den Betroffenen nicht erkennbar waren, bekämpft werden. Festnahmen konnten das Interesse der in der

Kapitel 6 Inneres Abwehrorgan gegen Entspannung

Ausfertigung

Das   **Kreis** gericht
Dresden-Ost

Aktenzeichen: AS(M) 171/85   **Dresden** , den   **29. 4. 1985**

(Bei Eingaben stets anführen)   Fernruf

BStU
000013

Haftbefehl

D **er Anschläger Matthias M** ████ geb. ████████ **1963 in** ████,
ledig, wohnhaft: ██████████████

Ist in Untersuchungshaft zu nehmen.

Er wird beschuldigt, **versucht zu haben, die staatliche Tätigkeit
zu beeinträchtigen.
Der Beschuldigte hat ein auf den 24. 4. 85 datiertes Schreiben an
den Bevollmächtigten der Bundesregierung der BRD in Berlin (West),
Abteilung Innerdeutsche Beziehungen zum Versand gebracht. In diesem
Schreiben ersuchte der Beschuldigte den Adressaten um Hilfe und
Unterstützung seines Ausreiseersuchens, weil dieses von den staat-
lichen Organen der DDR zurückgewiesen wurde.**

Vergehen/~~Verbrechen~~gem. **§§ 214 Abs. 1 und 5, 21 Abs. 3 StGB**

Er/Sie ist dieser Straftat   **dringend verdächtig.**

Die Anordnung der Untersuchungshaft ist gemäß § 122   **Abs. 1 Ziff. 4 StPO**

gesetzlich begründet, weil

**Haftstrafe angedroht und eine Strafe mit Freiheitsentzug zu erwarten
ist. Dem Haftbefehl stehen keine Gründe aus § 123 StPO entgegen.**

gez. ██████████
Richter

ausgefertigt am: 29.4.85
**Der Sekretär beim Kreis-
Gericht Dresden-Ost**

Gegen diesen Haftbefehl ist das Rechtsmittel der Beschwerde zulässig (§ 127 StPO).

Sie ist binnen einer Woche nach Verkündung des Haftbefehls bei dem unterzeichneten Gericht zu Protokoll

der Rechtsantragstelle oder schriftlich durch den Betroffenen oder einen in der DDR zugelassenen Rechtsanwalt

anzulegen (§§ 305, 306 StPO).

Best.-Nr. 220 16   Haftbefehl – §§ 124, 127 StPO

Druckbetrieb Demos Osterwieck   Ag 305-84-DDR-170-1183 IV-27-13 4731

Matthias M. bat den Bevollmächtigten der Bundesregierung in Berlin-West um Unterstützung für seinen abgelehnten Ausreiseantrag. Noch in Dresden wurde der Brief von der Staatssicherheit abgefangen, die ihn daraufhin wegen versuchter „Beeinträchtigung staatlicher Tätigkeit" (§ 214 StGB) festnimmt. Das Bezirksgericht Dresden verurteilt Matthias M. zu zehn Monaten Haft.
Quelle: BStU, Außenstelle Dresden, AU 1636/85, Bl. 13

43

Kapitel 6 Inneres Abwehrorgan gegen Entspannung

DDR akkreditierten westlichen Journalisten erregen. Deshalb sollte zunächst alles unternommen werden, um Menschenrechtsaktivisten, Ausreisewillige und andere „auffällige" Bürger mit verdeckten Mitteln auszuschalten. Unter anderem mit den Mitteln der in den siebziger Jahren verstärkt in die

MfS-Arbeit integrierten „operativen Psychologie" wurden „Zersetzungsmaßnahmen" ergriffen, um Konflikte zwischen Gruppenmitgliedern zu erzeugen oder zu schüren, ihre Anbindung an kirchliche Institutionen zu schwächen oder zu vereiteln, Oppositionelle in ihrem Engagement zu bremsen und

Das MfS versucht, eine oppositionelle Gruppe in Halle (Saale) mit einer häufig benutzten Methode zu „zersetzen": Es streut das Gerücht, Gruppenmitglieder seien MfS-Spitzel – hier mit einem fingierten Brief.
Quelle: BStU, Außenstelle Halle, AOPK 677/88, Bd. 1, Bl. 252-255

```
M a ß n a h m e p l a n
zur verstärkten offensiven Einflußnahme und operativen Kontrolle
der im OV "Seminar" und in der OPK "Regie" erfaßten Personen


III. Maßnahmekomplex

Im Rahmen offensiver Stör- und Zersetzungsmaßnahmen sind folgende
Aufgaben zu realisieren:

- Versendung eines anonymen Briefes aus der CSSR an ausgewählte
  feindlich-negative Personen aus dem Umgangskreis von ▮▮▮
  und ▮▮▮▮▮▮▮, in welchem beide als Verräter bzw. Informanten
  des MfS belastet werden.

  verantw.: Hptm. K▮▮▮▮
```

Zersetzungsmaßnahme: Das MfS schickt über sein internes Telefonnetz ein Telegramm, um die Arbeits- und Wohnungssuche von Lutz H. zu vereiteln, der wegen „staatsfeindlicher Hetze" verfolgt wird.
Quelle: BStU, Außenstelle Halle, AOP 3106/80, Bd. 3, Bl. 138

```
EINGANG              TELEGRAMM                    AUSGANG
                (Nichtzutreffendes streichen)

Dringlichkeit: ......Ausnahme........   GKS  GVS  VVSz 8    Fu/FS-Nr.: ......3143......

Absender:   ........ BV Halle, Abt. VII
Empfänger:  ........ BV Neubrandenburg, KD Anklam

                                        Halle      , den  6. 6.   1978

                              ▮▮▮▮    Lutz
                              1956 in: Halle
                    NW:   Halle, ▮▮▮▮▮▮▮▮▮▮
                    HW:   Berlin, ▮▮▮▮▮▮▮▮▮▮

        Person wird im OV gem. § 1o6 StGB bearbeitet.
        Wir bitten um die Aufklärung und Unterstützung folgender
        op. Aufgaben:

        - Bewarb sich H. beim Anklamer Theater als Eleve - wenn ja,
          dann bitte Einfluß nehmen auf eine Ablehnung,

        - Hat H. einen Antrag auf Wohnungszuweisung gestellt (wenn ja -
          dann Zuweisung nicht erteilen)

        - Bewerbungsunterlagen (Duplikat) zuleiten,

        - Vorbeugende Maßnahmen beim Theater einleiten zur sofortigen
          Ablehnung bei evt. späterer Bewerbung,

        - Inoffizielle Einschätzung des Vaters von H. (Vorname: Manfred)
          welcher am Anklamer Theater tätig sein soll.
```

```
                                    Praha, č 4.2.86


      Liebes deutsche Freunde

Meine Kamarad Pavel ihr kennt Pavel auch hat mir befohlen
den Brief als Warnung zu schreiben.

Pavel ist durch seine politische Arbeit in der Tschcoslowakei
im Gefangnis.  Da war ich bis nun mit ihm gewesein.
Pavel sagt in eirer Gruppe sind Verräter und er denkt das
ist ▓▓▓▓▓▓▓▓▓▓ und die Fraundin ▓▓▓▓▓
Die Statspolizei wuste alles vber pavel und hat auch wegen
Heike, Katrin, Ulf und Volker gefragt. Der Pavel hat alle3; ab
gestriten.
Wir genau wissen es weil auch die Freunde von uns die Osterm
bei Halle waren grose Probleme mit der Statspolizei haben.
Die Lisa hat auch viele Geschenge beibehalten die an alle sind


Meine Schrift in deutsch ist nicht gut aber so ist es besser
fur den Brief an die Grenze!

                                    Jiři aus das Ustěku
```

Quelle: Privatarchiv Katrin Eigenfeld, Halle (Saale)

auszuschalten. Entscheidend war dabei, dass die Staatssicherheit als eigentlicher Drahtzieher nicht erkennbar wurde. Sie sollten insbesondere dann eingesetzt werden, wenn „der jeweilige Operative Vorgang aus politischen und politisch-operativen Gründen im Interesse der Realisierung eines höheren gesellschaftlichen Nutzens nicht mit strafrechtlichen Maßnahmen abgeschlossen werden soll"[2], zum Beispiel, wenn die direkte Repression zuviel Aufruhr erzeugt und damit deutsch-deutsche Verhandlungen gefährdet hätte.

Der gewandelte Einsatz der MfS-Instrumente lässt sich am Beispiel der Reaktionen auf die Ausbürgerung des Liedermachers Wolf Biermann im November 1976 deutlich nachvollziehen.

Wolf Biermann (geb. 1936) ist Sohn eines jüdischen Kommunisten, der 1943 in Auschwitz ermordet wurde. Er war 1953 aus Hamburg in die DDR übergesiedelt und betätigte sich später als freischaffender Autor und „Liedermacher". Den Gedichtband „Die Drahtharfe" veröffentlichte er 1965 in Westberlin und erhielt totales Auftritts- und Publikationsverbot in der DDR. Im November 1976 durfte er zu einer Konzertreise in die Bundesrepublik fahren. Doch nach einem Konzert (mit Fernsehübertragung) in Köln bürgerte ihn die DDR aus; geplant hatte dieses Szenario die Staatssicherheit schon lange.

Während die prominenten Unterzeichner einer Protestresolution, vor allem Schriftsteller und andere Künstler, intensiv überwacht, mit verschiedenen Mitteln drangsaliert und schließlich teilweise zur Ausreise aus der DDR getrieben wurden, schreckte die Staatssicherheit bei protestierenden DDR-Bürgern, die nicht das Interesse der (westdeutschen) Öffentlichkeit oder den Schutz der Kirche erreichen konnten, vor Verhaftungen und monatelanger Untersuchungshaft nicht zurück.

Wohin es führen würde, der „politisch-ideologischen Diversion" freien Lauf zu lassen, meinten Partei- und MfS-Führung wiederum in einem ihrer verbündeten Nachbarländer verfolgen zu können. Wie schon 1968 in der ČSSR versuchte das MfS Einfluss auf den Konflikt in Polen 1980/81 zu nehmen, der durch die Gründung der unabhängigen Gewerkschaft „Solidarność" ausgelöst worden war und in der Verhängung des Kriegsrechts gipfelte. 1980 war eine MfS-Operativgruppe Warschau mit Zweigstellen in vier weiteren polnischen Städten gebildet worden, die ein eigenes Spitzelnetz im Nachbarland aufbaute.

Die Desinformationsabteilung der HV A betrieb umfangreiche Propagandaoperationen zur Diskreditierung der Solidarność-Aktivisten. Aus Sicht des MfS hatte Polen zeitweise die Schwelle vom sozialistischen Bruderland zum „Operationsgebiet" überschritten.

[2] Aus: Richtlinie 1/76 zur Entwicklung und Bearbeitung Operativer Vorgänge, 1.1.76; in: David Gill/ Ulrich Schröter: Das Ministerium für Staatssicherheit, Anatomie des Mielke-Imperiums. Berlin 1991, S. 390.

DDR-Bürger protestierten gegen die Ausbürgerung Biermanns: Vom MfS im November 1976 beschlagnahmtes Flugblatt.
Quelle: BStU, ZA, HA XX 1269, Bl. 8

Aus Wolf Biermanns „Stasi-Ballade", 1967:

Menschlich fühl ich mich verbunden
mit den armen Stasi-Hunden
die bei Schnee und Regengüssen
mühsam auf mich achten müssen
die ein Mikrofon einbauten
um zu hören all die lauten
Lieder, Witze, leisen Flüche
auf dem Clo und in der Küche
– Brüder von der Sicherheit
ihr allein kennt all mein Leid

Ihr allein könnt Zeugnis geben
wie mein ganzes Menschenstreben
leidenschaftlich zart und wild
unsrer großen Sache gilt
Worte, die sonst wärn verscholln
bannt ihr fest auf Tonbandrolln
und ich weiß ja! Hin und wieder
singt im Bett ihr meine Lieder
– dankbar rechne ich euchs an:
die Stasi ist mein Ecker
    die Stasi ist mein Ecker
      die Stasi ist mein Eckermann

Wolf Biermann: Alle Lieder. Köln 1991
(Verlag Kiepenheuer & Witsch), S. 204.

Aus einem Überwachungsbericht, 1972:

Hauptabteilung XX/7 (Lo/Ko) – B E R I C H T – Berlin, den 20.3.1972

Festgestellte Diskussionen zwischen Biermann und unbekannten jugendlichen Personen am 19.3.1972 auf dem Alexanderplatz.

Am 19.3. wurde gegen 16.00 Uhr vom Genossen Oberfeldwebel Girod der Verwaltung Groß-Berlin, Abteilung XX, Wolf Biermann mit der Eva-Maria Hagen am Ausstellungszentrum am Fernsehturm gesehen. Es entstand der Eindruck, dass beide spazieren gingen.

Gegen 17.50 Uhr wurde Biermann mit der Hagen in einer Gruppe Jugendlicher von ca. 30-50 Personen, auf dem Alexanderplatz vor der Grill-Bar diskutierend angetroffen.

Genossen G. ist bekannt, dass an dieser Stelle wiederholt Jugendliche in losen Gruppen diskutierten. Nach Einschätzung des Genossen G. setzt sich der Personenkreis aus ca. 2/3 westdeutschen Personen und 1/3 Jugendlicher aus der Hauptstadt der DDR zusammen.

Vorwiegend von den westdeutschen bzw. Westberliner Jugendlichen wurden am 19.3.1972 nachfolgende Fragen an Biermann gerichtet: (Inhaltliche Wiedergabe)
– welche Protestmöglichkeiten gibt es in der DDR –
wo liegen die Grenzen der Protestmöglichkeiten –
welche negativen Erscheinungen sieht Biermann, die aus der Diktatur der Arbeiterklasse entstehen –
welche Arten des Protestes hält er für sinnvoll – liegen die Grenzen des Protestes da, wo die Diktatur der Arbeiterklasse beginnt.

Auf die an ihn gestellten Fragen ging Biermann sehr zurückhaltend ein. – Er sprach sehr leise, so dass nur die unmittelbar um ihn Herumstehenden seine Antworten verstehen konnten. Sinngemäß brachte Biermann zum Ausdruck: Protest würde es immer geben, die Frage sei nur, wie. Bei uns gibt es nur geringe Möglichkeiten des Protestes. Dazu sagte er wörtlich: „Wir haben hier nun mal leider eine Diktatur." Weiterhin brachte Biermann zum Ausdruck, dass die „Grenzen der Protestmöglichkeit" ständig neu festgelegt werden. – Es entstand der Eindruck, dass Biermann es lieber hatte, wenn andere an der Diskussion (teilnehmende) sprachen. Er brachte nur durch geringe Gesten sein Mißfallen oder sein Einverständnis zum Ausdruck.

Die Schauspielerin Eva-Maria Hagen hielt sich die ganze Zeit über im Hintergrund auf und beobachtete ständig die neu an die Gruppe der Diskutierenden herankommenden Personen. Sie führte eine Art Absicherung durch. – Als eine VP-Streife in der Nähe erschien, gab sie dem Biermann davon Kenntnis und entfernte sich von der Gruppe (...). Nach ca. 3–4 Minuten brachte Biermann zum Ausdruck, dass ihn die Weltrevolution im Moment wenig interessiere, da ihm seine Frau weglaufe. Dies war praktisch seine Verabschiedung und er verließ die Gruppe (...)

Dem überwiegenden Teil war bekannt, dass ihr Diskussionspartner Wolf Biermann war. Dies konnte durch Gespräche zwischen in der Gruppe weilenden und neu hinzukommenden Personen festgestellt werden. Dem Genossen G. ist nicht bekannt, wie lange Biermann bereits an der Diskussion teilnahm, da er den B. erst 17.50 feststellte. Um 18.05 verließ Biermann die Jugendlichen.

In: Eva-Maria Hagen: Eva und der Wolf.
Düsseldorf/München 1998 (Econ Verlag), S. 407f.

Krugs Ausreiseantrag vom 19. April 1977:

Mein Name ist Manfred Krug, ich bin Schauspieler und Sänger. Infolge der Scheidung meiner Eltern bin ich als Dreizehnjähriger aus Westdeutschland in die DDR gekommen, wo ich seither lebe. Ich bin verheiratet und habe drei Kinder.

1956 lernte ich Wolf Biermann kennen, mit dem ich befreundet war und bin. 1965 erschien ein erster gegen Biermann gerichteter Artikel im »Neuen Deutschland«, gegen den ich polemisiert habe. Daraus erwuchsen mir Maßregelungen und die üblichen Nachteile. Ich gehörte nie zum „Reisekader", durfte nie an einer der vielen in ferne Länder reisenden DEFA-Delegationen teilnehmen. Weitergehende Folgen sind mir damals jedoch nicht erwachsen.

Diesmal ist das anders: Wie bekannt, verfaßten nach der Biermann-Ausweisung 12 Schriftsteller einen Protest, den auch ich unterschrieb. Nachdem ich nicht bereit war, diese Unterschrift zurückzuziehen, hat sich mein Leben schlagartig verändert.

– Das Fernsehen der DDR schloss mich von jeder Mitarbeit aus. Das war hart, weil mir dadurch zwei unwiederbringliche Rollen in Erstverfilmungen verlorengegangen sind: der Ur-„Götz" und „Michael Kohlhaas".

– „Die großen Erfolge", eine fertige LP, wird nicht erscheinen.

– Der DEFA-Film „Feuer unter Deck" wird nicht Beitrag der »Sommerfilmtage 77« sein, mit der Begründung, ich hätte in Erfurt einen Genossen niedergeschlagen.

– Zwei Tage vor der Biermann-Ausweisung war mir durch das »Komitee für Unterhaltungskunst der DDR« eine Tournee durch Westdeutschland angeboten worden. Diese Tournee findet nicht statt.

– Der »VEB Deutsche Schallplatten« hat mir die Produktion einer Mark-Twain-Platte für das 1. Quartal '77 angeboten. Diese Produktion findet nicht statt. (...)

– Obwohl alle meine Jazzkonzerte in den vergangenen Jahren ausverkauft waren, gibt es keine neuen Angebote. Von 15 im Vorjahr zugesagten Konzerten sind 9 ersatzlos und unbegründet gestrichen worden. Dies ist eine unvollständige Auswahl von Repressalien, von denen angekündigt worden war, dass es sie nicht geben würde.

– Neuerdings werden mich betreffende unwahre Informationen verbreitet wie z.B. die Behauptung des Kulturministers, ich hätte Leute unter Druck gesetzt, um ihre Unterschriften unter die Petition zu erwirken.

– Falsche Geschichten werden in Umlauf gebracht. In Erfurt hat ein Mann mir gegenüber öffentlich behauptet, ich würde über ein Dollarkonto in der Schweiz verfügen. Die berufliche Tätigkeit dieses Mannes, er ist Mitarbeiter der Staatssicherheit, läßt vermuten, dass ihm nicht ein Gerücht diente, sondern eine gezielte Verleumdung.
(...)

Beamte stellen in der Nachbarschaft Recherchen darüber an, wen ich wann und wie oft besuche; auf einem Potsdamer Forum wird öffentlich geäußert, ich sei ein Staatsfeind und ein Verräter an der Arbeiterklasse.

Das war ich nie, und ich werde es nie sein.

Während meiner Konzerttournee im Winter '76/'77 bin ich von Kriminalbeamten offen observiert, meine Bühnenansagen sind demonstrativ mitgeschrieben worden; Freunde unserer Konzerte beklagten sich, es habe kein freier Kartenverkauf stattgefunden; Fotografen sind mit Gewalt aus den Sälen entfernt worden; es gab sortierte Zuhörer; vor allem in den vorderen Reihen, die während des gesamten Konzerts finstere Mienen zur Schau trugen und demonstrativ keine Hand rührten; es gab verabredete Feindseligkeit aus dem Publikum, die einem Bühnenkünstler die Arbeit unmöglich macht, die ihn kaputtmacht. Ich weiß jetzt, welche Unzahl von Möglichkeiten es gibt, Menschen zu entmutigen und zu deprimieren. Dagegen waren Geschmacklosigkeiten, die ich bei der Premiere des Films „Spur der Steine" erlebt habe, vergleichsweise plump und schmerzarm.

Ich bin nach wie vor davon überzeugt, dass es verschiedene Meinungen geben muss und dass es nicht verboten sein darf, sie öffentlich auszutragen. Ich bin davon überzeugt, dass Biermann unserem Land fehlt. Nach meinen Erfahrungen sehe ich keine Chance, hier weiter zu existieren. Die Situation mag für einen Schriftsteller eine andere sein, der für seine Arbeit nur Papier und Bleistift braucht.

Nach reiflichem Bedenken beantrage ich für meine Familie und mich die Ausreise aus der DDR in die BRD, wo meine Mutter und mein Bruder leben. (...)

In: Manfred Krug: Abgehauen.
Düsseldorf 1996 (Econ Verlag),
S. 122–125.

„Zersetzungsrichtlinie" 1/76:

Maßnahmen der Zersetzung sind auf das Hervorrufen sowie die Ausnutzung und Verstärkung solcher Widersprüche bzw. Differenzen zwischen feindlich-negativen Kräften zu richten, durch die sie zersplittert, gelähmt, desorganisiert und isoliert und ihre feindlich-negativen Handlungen einschließlich deren Auswirkungen vorbeugend verhindert, wesentlich eingeschränkt oder gänzlich unterbunden werden. (...)

Zersetzungsmaßnahmen können sich sowohl gegen Gruppen, Gruppierungen und Organisationen als auch gegen einzelne Personen richten und als relativ selbstständige Art des Abschlusses Operativer Vorgänge oder im Zusammenhang mit anderen Abschlußarten angewandt werden. (...)

Zersetzungsmaßnahmen sind insbesondere anzuwenden:
– Wenn in der Bearbeitung Operativer Vorgänge die erforderlichen Beweise für das Vorliegen eines Staatsverbrechens oder einer anderen Straftat erarbeitet wurden und der jeweilige Operative Vorgang aus politischen und politisch-operativen Gründen im Interesse der Realisierung eines höheren gesellschaftlichen Nutzens nicht mit strafrechtlichen Maßnahmen abgeschlossen werden soll (...)

Bewährte anzuwendende Methoden der Zersetzung sind:
– Systematische Diskreditierung des öffentlichen Rufes, des Ansehens und des Prestiges auf der Grundlage miteinander verbundener wahrer, überprüfbarer und diskreditierender sowie unwahrer, glaubhafter, nicht widerlegbarer und damit ebenfalls diskreditierender Angaben;
– Systematische Organisierung beruflicher und gesellschaftlicher Mißerfolge zur Untergrabung des Selbstvertrauens einzelner Personen;
– Zielstrebige Untergrabung der Überzeugungen im Zusammenhang mit bestimmten Idealen, Vorbildern usw. und die Erzeugung von Zweifeln an der persönlichen Perspektive;
– Erzeugen von Misstrauen und gegenseitigen Verdächtigungen innerhalb von Gruppen, Gruppierungen und Organisationen;
– Erzeugen bzw. Ausnutzen und Verstärken von Rivalitäten innerhalb von Gruppen, Gruppierungen und Organisationen durch zielgerichtete Ausnutzung persönlicher Schwächen einzelner Mitglieder;
– Beschäftigung von Gruppen, Gruppierungen und Organisationen mit ihren internen Problemen mit dem Ziel der Einschränkung ihrer feindlich-negativen Handlungen;
– Örtliches und zeitliches Unterbinden bzw. Einschränken der gegenseitigen Beziehungen der Mitglieder einer Gruppe, Gruppierung oder Organisation auf der Grundlage geltender gesetzlicher Bestimmungen, z. B. durch Arbeitsplatzbindungen, Zuweisung örtlich entfernt liegender Arbeitsplätze usw.

Richtlinie 1/76 zur Entwicklung und Bearbeitung Operativer Vorgänge, 1.1.76; in: David Gill/Ulrich Schröter: Das Ministerium für Staatssicherheit. Anatomie des Mielke-Imperiums. Berlin 1991 (Rowohlt Berlin), S. 389-391.

Quelle: BStU, ZA, HA XX 1269, S. 9

Wie 1968 galt es, die Ausbreitung oppositioneller Aktionen in der DDR zu verhindern, was nach Einschätzung der Berichterstatter der Zentralen Auswertungs- und Informationsgruppe (ZAIG) u.a. gelang, weil potentielle Unruhestifter der Ansicht gewesen seien, jegliche Streikabsicht würde in der DDR bereits „im Keime erstickt" werden. Nachdem 1970 viele DDR-Bürger eigens nach Erfurt angereist waren, um dem Bundeskanzler Willy Brandt ihre Sympathie zu bekunden, wollte die SED-Führung nun jedes Risiko vermeiden, als 1981 erneut ein westdeutscher Regierungschef die DDR besuchte. So wurde Helmut Schmidt eine Reise nach Rostock aus Furcht vor massenhaften Sympathiebekundungen oder politischen Protesten verwehrt, und auf der Route nach Hubertusstock und Güstrow sorgte Mielke mit 33 200 Sicherheitskräften aus MfS und Volkspolizei für Friedhofsruhe.

Polizeispalier in Güstrow während des Besuches von Bundeskanzler Helmut Schmidt, 13. Dezember 1981

Helmut Schmidt sagt seine DDR-Reise vorerst ab, 1980:

Ich rief Honecker an und teilte ihm meine Entscheidung mit. Er schien erleichtert, jedenfalls sagte er, er habe mit meiner Absage gerechnet, und äußerte Verständnis. Verschiedene Einlassungen seiner Protokollbeamten hätten zu meiner Unsicherheit über den Ablauf des Besuches beigetragen, meinte ich. „Ein Besuch von Ihnen in Rostock ist gegenwärtig nicht zu machen", entgegnete er. Zu diesem Punkt bemerkte ich, dass offenbar Erwägungen eine Rolle spielten, die nicht im Verhältnis zwischen Bundesrepublik und DDR begründet seien. Ich meinte Honeckers Sorge vor einer Wiederholung der Danziger Ereignisse in Rostock. Das Wort Polen fiel nicht, denn wir telefonierten über eine offene Postleitung, aber wir verstanden uns durchaus und einigten uns schnell über den Text der Verlautbarung.

Helmut Schmidt: Die Deutschen und ihre Nachbarn. Menschen und Mächte II. Berlin 1990 (Siedler Verlag), S. 61.

Der MfS-Einsatzleiter, 1981:

Mir wurde klargemacht, dass man in Berlin erwartete, dass es in Güstrow nicht zu solch einem Eklat wie in Erfurt bei dem Treffen Brandt - Stoph kommen dürfe. (...) Meine eigentliche Aufgabe begann am Sonntag, dem 13.12.1981, an dem Helmut Schmidt und seine Delegation in Begleitung Erich Honeckers nach Güstrow fuhr. (...) Die von uns getroffenen Sicherheitsvorkehrungen in der kleinen alten Stadt mit ihren engen Gassen waren sicher sehr umfangreich, aber wer kann angesichts der Attentate auf Politiker und der damals sehr angespannten Situation in Polen sagen, dass sie wirklich unangemessen waren? Natürlich wünschte die Führung der DDR auch keine Störung des Besuchs durch Ausreisewillige oder spontane Beifallsbekundungen, die nur dem Bundeskanzler gegolten hätten. Das Volk der DDR hatte seinem Staatsratsvorsitzenden zuzujubeln.

Josef Schwarz: Bis zum bitteren Ende. 35 Jahre im Dienste des Ministeriums für Staatssicherheit. Eine DDR-Biographie. Schkeuditz 1994 (GNN Verlag), S. 115.

Das soll Dein Weg zu uns sein!

Berufsvorbereitung — **Einstellung**

7. Klasse
Treffe hier schon Deine Vorentscheidung!
Stelle einen formlosen Antrag über Deinen Klassenleiter!

8. Klasse
Entscheidest Du Dich endgültig, erkläre Deine Bereitschaft gegenüber dem MfS und fülle den Bewerbungsbogen aus!

9. Klasse
In der 9. Klasse wird Dir mitgeteilt, ob Du aufgrund Deiner Leistungen und Verhaltensweisen Bewerber des MfS werden kannst.

10. Klasse und Berufsausbildung / Berufsausbildung mit Abitur / EOS
Die 10. Klasse und Berufsausbildung öffnet Dir den Weg als Berufsunteroffiziersbewerber.

Die Berufsausbildung mit Abitur bzw. der Abschluß der EOS sind Grundlage für Dich, Berufsoffiziersbewerber zu werden.

Dienst im MfS
Berufsunteroffizier
Berufsoffizier

Material zur Nachwuchswerbung
Quelle: BStU

Um die Entspannung innenpolitisch abzuwehren, benötigte die Staatssicherheit immer mehr Personal. Bis Ende 1982 wuchs der Apparat auf rund 81 500 Mitarbeiter – seit 1968 stellte das MfS also im Durchschnitt jährlich mehr als 3 200 zusätzliche Mitarbeiter ein. Von der regulären Planung des Staatshaushalts und finanziellen Zwängen hatte sich die Staatssicherheit weitgehend abgekoppelt.

Erich Mielke über Entspannung und Klassenkampf, 1972:

Jedem Mitarbeiter des MfS muss klar sein, dass unsere aktive Politik der friedlichen Koexistenz *auf gar keinen Fall ein Nachlassen des Klassenkampfes bedeutet*. Es handelt sich vielmehr um eine spezifische Form der Systemauseinandersetzung, die insbesondere dadurch gekennzeichnet ist, dass die historisch unausweichliche Auseinandersetzung mit dem Imperialismus mit *friedlichen Mitteln* geführt wird und dass dabei u.a. auch am Verhandlungstisch hart um die Regelung wichtiger Probleme gerungen wird. (...) In diesem Zusammenhang möchte ich unterstreichen, dass wir uns, was die Strategie und Taktik des Imperialismus betrifft, *keinerlei Illusionen hingeben dürfen*. In unserer Tätigkeit bekommen wir jeden Tag aufs neue die Richtigkeit der vom Gen[ossen] Erich Honecker in seiner Ansprache vor Angehörigen der NVA auf Rügen getroffenen Einschätzung bestätigt, dass der *Imperialismus aggressiv, tückisch und gefährlich ist und bleibt und dass wir keinen Grund haben, in unserer politischen und militärischen Wachsamkeit nachzulassen*. Das heißt konkret für uns als MfS, dass auch wir keine Minute unsere politisch-operative Wachsamkeit vernachlässigen dürfen!

Erich Mielke: Referat für die Dienstkonferenz, Entwurf vom 25.2.1972 (als Arbeitsmaterial verschickt); BStU, ZA, DSt 102214, Bl. 17 f.

Kapitel 6 Inneres Abwehrorgan gegen Entspannung

„Wie ich IM Bärbel wurde" - Erinnerungen einer Schülerin:

An einem Tag im April 1986 ließ mich mein Direktor in sein Dienstzimmer holen. Ich habe erstmal krampfhaft überlegt, was ich denn nun schon wieder angestellt haben könnte, ob ich auf dem Klo geraucht habe, Papier habe irgendwo rumliegen lassen, meine Schularbeiten nicht gemacht habe oder einem Lehrer frech gekommen bin. Aber der Direktor meckerte nicht, sondern stellte mir statt dessen Herrn A. vor und ging. Eigentlich sah Herr A. wie ein Bauarbeiter in Sonntagsklamotten aus, klein und gedrungen, mit einem pummeligen Gesicht, dunklen Haaren und brauner Haut, so als würde er den ganzen Tag irgendwo in der Sonne rumstehen. Er war noch relativ jung, jedenfalls aus heutiger Sicht. Dieser Herr sagte, dass er sich mit mir über die Situation der Jugendlichen in unserem Ort unterhalten wollte. Ich dachte zuerst, er wäre von der FDJ. Ich glaube, er hatte auch ein Blauhemd unter dem Jackett an. Er meinte, ich hätte doch überall ein bisschen meinen Fuß in der Tür und würde mich doch bestens auskennen. Ihm als Erwachsenen würde doch niemand etwas erzählen, und so könnte er auch nichts für uns ändern. Aus diesem Grund würde er Einzelgespräche mit Jugendlichen suchen.

Es war eine komische Situation. Was sollte ich ihm erzählen, was er nicht schon längst wusste? Wie sollte ich ihm helfen? Anstatt ihm zu sagen, was ich alles schlecht finde in unserer Heimatstadt, habe ich vorsichtshalber erzählt, was ich dachte, was er hören wollte. Immer so harmlose Sachen, mit denen ich nicht anecken konnte. Wir hatten das ja schon perfekt gelernt als Kinder.

Am Ende des Gesprächs sagte er mir dann, dass er vom Ministerium für Staatssicherheit sei und ich mit niemandem, auch nicht mit meinen Eltern, über unser Zusammentreffen und das Gespräch reden dürfte. Wenn ich Fragen hätte, könnte ich mich an ihn wenden. Er würde mich auch gerne wiedertreffen, um die Lage neu einzuschätzen und damit wir uns über einige Punkte intensiver unterhalten könnten.

Meine Gefühle gingen rauf und runter. Was sollte ich davon halten? Was wusste ich mit 16 Jahren schon von der Staatssicherheit. Es wurde nur hinter vorgehaltener Hand gemunkelt. Die Stasi gehörte dazu wie Eltern, Schule, Kirche. Sie waren dazu da, Leute davon abzuhalten, nach dem Westen abzuhauen, sie waren dafür zuständig, die Visa zu stempeln, mehr wusste ich nicht. Das Haus, in dem sie ihre Büros hatten, war gesichert wie eine Festung, die waren eben wichtig. Einerseits war mir nach dem Gespräch mulmig zumute, andererseits war ich neugierig. Einerseits habe ich mich gewundert, was das alles soll, weil er mich solche Lappalien fragte, die er jeden hätte fragen können. Andererseits fühlte ich mich auch plötzlich wichtig, weil er gerade mich fragte. (...)

Heute frage ich mich immer wieder, warum ich nicht einen anderen Gesprächspartner gesucht habe, zum Beispiel den Pastor, dann wäre alles anders gekommen. Sonst habe ich ihm und seiner Frau doch auch alles anvertraut.

Aber ich bin statt dessen mit dem Zug zu dem zweiten Gespräch in die Stadt gefahren. Wir waren hinterm Bahnhof verabredet, in einem Auto. Dann sind wir aus der Stadt rausgefahren. Es war schon ein komisches Gefühl, eine beklemmende Situation. Angst hatte ich nicht direkt, eher Befürchtungen, dass mich einer sieht, und es zum Beispiel meiner Mutter erzählt. Nachdem wir uns eine Weile über dies und das unterhalten hatten, kamen die ersten konkreten Fragen nach unserem Jugendkeller im Gemeindehaus und nach dem Pastorenehepaar. Ich bin ja bei ihnen ein und aus gegangen und war fast täglich dort. Er fragte nach den Leuten im Keller, was wir dort und in der Jungen Gemeinde machten, fragte, was der Pastor sagt, was er uns anbietet, ob er Literatur verbreitet, etwas Staatsfeindliches passiert. Mir ist überhaupt noch nicht bewußt geworden, welches Ziel der Herr A. damit verfolgte. Nur soviel wusste ich: Über die Leute und über das Pastorenehepaar wollte ich nichts erzählen - zumindest nichts, was irgend jemandem schaden konnte.

In: Jörn Mothes u.a. (Hrsg.): Beschädigte Seelen. DDR-Jugend und Staatssicherheit. Bremen 1996 (Edition Temmen), S. 174–178.

51

MfS-Führung und Leiter der Diensteinheiten gingen wie selbstverständlich von einem „hohen Kaderbedarf" aus. Politisch wurde das MfS immer mehr zum Allheilmittel, um die als allgegenwärtig empfundenen „feindlichen" Einflüsse zu bekämpfen. Zugleich entwickelte sich der Geheimapparat immer mehr zur „geschlossenen Gesellschaft", denn seinen enormen Personalbedarf deckte es vorzugsweise aus dem Nachwuchs der eigenen Mitarbeiter sowie anderer Angehöriger des Sicherheitsapparates. Unter den operativen Zweigen des Apparats profitierte am stärksten die Hauptabteilung II

Kapitel 6 Inneres Abwehrorgan gegen Entspannung

Am 21. Juni 1979 schrieb der siebzehnjährige Schüler Peer G. seine Verpflichtungserklärung als inoffizieller Mitarbeiter. Das MfS hatte ihn angeworben zur „Wiedergutmachung" einer Bewährungsstrafe wegen „Rowdytums". Als IM „Peter Wagner" sollte er dem MfS über „negative" Jugendliche berichten. Quelle: BStU, Außenstelle Rostock, AIM 1280/84, Bl.141

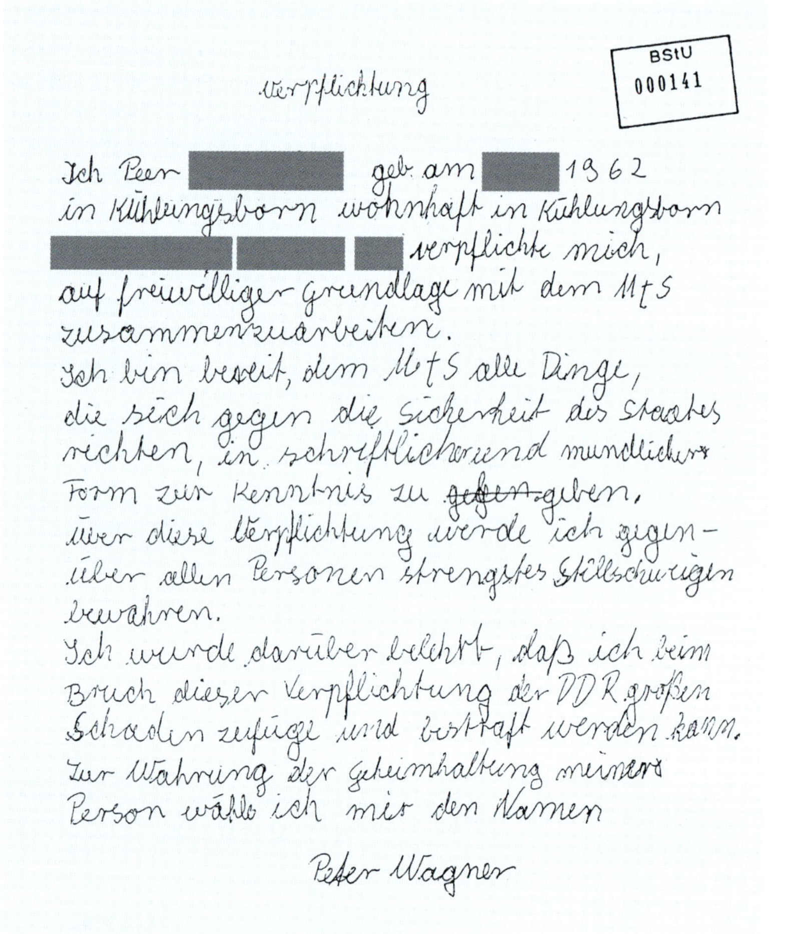

BStU
000141

Verpflichtung

Ich Peer ▬▬▬▬ geb. am ▬▬ 1962 in Kühlungsborn wohnhaft in Kühlungsborn ▬▬▬ ▬▬ ▬▬ verpflichte mich, auf freiwilliger Grundlage mit dem MfS zusammenzuarbeiten.

Ich bin bereit, dem MfS alle Dinge, die sich gegen die Sicherheit des Staates richten, in schriftlicher und mundlicher Form zur Kenntnis zu geben.

Über diese Verpflichtung werde ich gegenüber allen Personen strengstes Stillschweigen bewahren.

Ich wurde darüber belehrt, daß ich beim Bruch dieser Verpflichtung der DDR großen Schaden zufüge und bestraft werden kann. Zur Wahrung der Geheimhaltung meiner Person wähle ich mir den Namen

Peter Wagner

(Spionageabwehr) von der Expansion: 1982 hatte sie fast viermal so viel Mitarbeiter wie 1968. Sie sollten die seit 1972 eingerichteten diplomatischen Vertretungen westlicher Staaten und der Ständigen Vertretung der Bundesrepublik geheimdienstlich durchdringen und kontrollieren, die in der DDR akkreditierten Journalisten überwachen und alle DDR-Bürger aufspüren, die mit diesen Stellen in Kontakt traten oder dies versuchten. Die scheinbar klassische, systemneutrale „Spionageabwehr" entwickelte sich also zu einem Mittel, die innenpolitische Unterdrückungsfunktion des MfS zu verstärken.

Grund dafür war die Grundauffassung von Partei und Staatssicherheit, dass Dissidenz und abweichendes Verhalten in der Bevölkerung der DDR auf den direk-

Auftrag zur Telefonüberwachung von Ulrich Schwarz, 1985 Korrespondent des „Spiegel" in Ost-Berlin. Quelle: BStU, ZA, HA III/ ZKA-Z

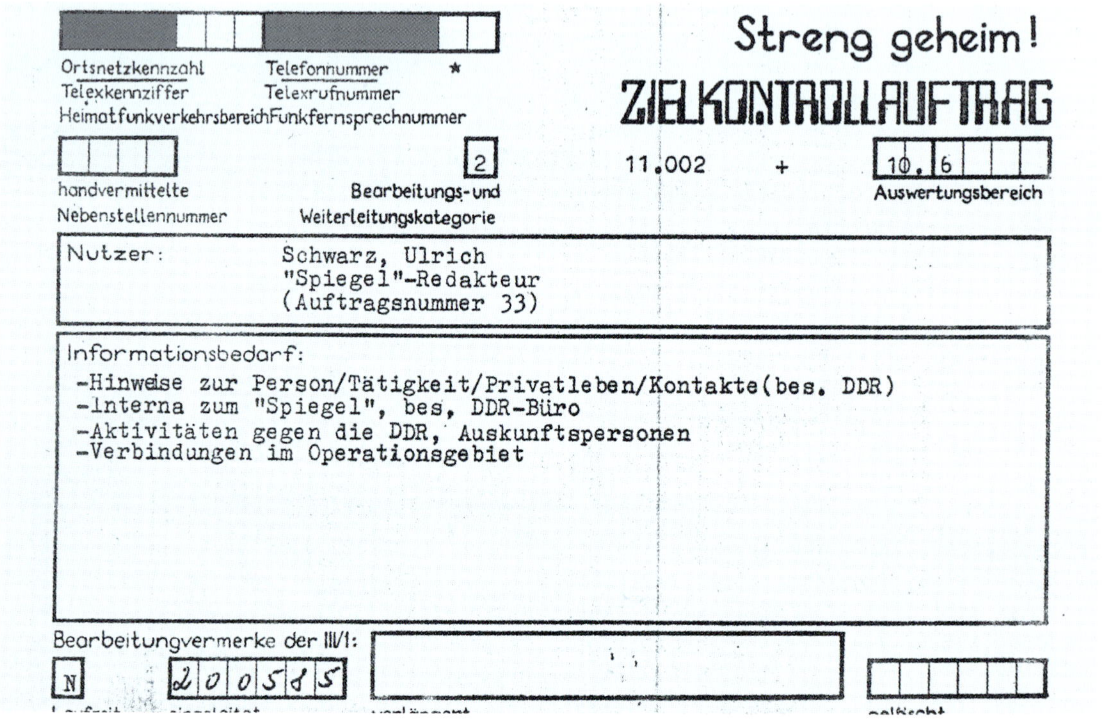

Streng geheim!
ZIELKONTROLLAUFTRAG

Ortsnetzkennzahl   Telefonnummer   *
Telexkennziffer   Telexrufnummer
Heimatfunkverkehrsbereich Funkfernsprechnummer

11.002   +   10. 6

handvermittelte   2   Bearbeitungs- und   Auswertungsbereich
Nebenstellennummer   Weiterleitungskategorie

Nutzer: Schwarz, Ulrich
           "Spiegel"-Redakteur
           (Auftragsnummer 33)

Informationsbedarf:
-Hinweise zur Person/Tätigkeit/Privatleben/Kontakte(bes. DDR)
-Interna zum "Spiegel", bes, DDR-Büro
-Aktivitäten gegen die DDR, Auskunftspersonen
-Verbindungen im Operationsgebiet

Bearbeitungvermerke der III/1:

N   200585

„Kontaktpolitik, gegnerische", MfS-Definition von 1981:

Die Kontaktpolitik entstand als Mittel und Methode unter den Bedingungen des sich ständig zugunsten des Sozialismus verändernden Kräfteverhältnisses und dem damit verbundenen Anpassungszwang des Imperialismus an diese veränderten Lagebedingungen.

Die K. verfolgt das Ziel, die sozialistische Gesellschaftsordnung aufzuweichen und zu zersetzen, Widerstand gegen die Politik der kommunistischen Parteien und die sozialistische Staatsmacht hervorzurufen, eine politische Untergrundtätigkeit und „innere Opposition" zu entwickeln und damit einen Prozess der Restauration imperialistischer Verhältnisse in den sozialistischen Ländern in Gang zu setzen. Zu diesem Zweck werden, besonders unter Nutzung der zwischen den sozialistischen und nichtsozialistischen Staaten abgeschlossenen Verträge, Abkommen und Vereinbarungen, vielfältige Kontakte auf den verschiedensten Gebieten des gesellschaftlichen Lebens aufgenommen und entwickelt und in differenzierter Weise missbraucht.

Der Gegner strebt durch den Missbrauch von Kontakten vor allem an, in den sozialistischen Ländern die Wirksamkeit der politisch-ideologischen Diversion zu erhöhen, die progressive Entwicklung aller gesellschaftlichen Bereiche zu stören und zu hemmen sowie Personen zur Begehung staatsfeindlicher, krimineller und anderer gesellschaftswidriger Handlungen zu veranlassen.

Zur Durchsetzung dieser Ziele werden durch Zentren der politisch-ideologischen Diversion, Massenmedien, Geheimdienste, staatliche und private Einrichtungen, Parteien und gesellschaftliche Organisationen, wissenschaftliche Institute, wirtschaftsleitende Organe, Konzerne, Betriebe und andere Einrichtungen des imperialistischen Herrschaftssystems zielgerichtet Kontakte aufgenommen und missbraucht.

Darüber hinaus fordern diese Einrichtungen, besonders die elektronischen Massenmedien, alle Bürger imperialistischer Staaten unablässig auf, auf privater Ebene Kontakte zu Personen in sozialistischen Staaten herzustellen, zu unterhalten bzw. zu intensivieren und sie im Sinne der genannten Zielstellungen zu mißbrauchen.

In: Siegfried Suckut (Hrsg.): Das Wörterbuch der Staatssicherheit. Definitionen zur „politisch-operativen Arbeit". Berlin 1996 (Ch. Links Verlag), S. 303

West-Journalisten werden fotografiert, identifiziert und überwacht. Pressekonferenz in Biesenthal bei Berlin zum Besuch des Bundeskanzlers Schmidt in der DDR, 1981. Unter ihnen Helmut Lölhöffel (Frankfurter Rundschau), Quelle: BStU

Inoffizielle Mitarbeiter, Stand 31. Dezember 1988 (ohne Hauptverwaltung A)

	absolut	in Prozent
Inoffizielle Mitarbeiter (ohne IMK)	109281	
Davon		
IM zur „Sicherung des Verantwortungsbereichs" (IMS)		85,6
IM mit Feindberührung (IMB)		3,6
Experten-IM (IME)		6,6
Führungs-IM (FIM)		4,2
IM für Aufgaben der Konspiration (IMK)	30446	
Gesellschaftliche Mitarbeiter für Sicherheit (GMS)	33354	
Gesamt	**173081**	
Davon		
Kreisdienststellen		ca. 51
Bezirksverwaltungen		ca. 28
Hauptabteilung I (Militärabwehr)		ca. 11
Andere Diensteinheiten des Ministeriums		ca. 10

Nach Helmut Müller-Enbergs: IM-Statistik 1985–1989. BF informiert 3/93. Berlin 1993 (BStU), S. 55, und ergänzenden Daten.

ten oder indirekten Einfluß „imperialistischer" Geheimdienste zurückzuführen seien.

Doch die Expansion der „langen siebziger Jahre" blieb keineswegs auf die Spionageabwehr beschränkt. Alle Zweige des arbeitsteiligen Apparats profitierten vom fortwährenden Personalzufluss. Grad und Intensität der Durchdringung aller Sphären der DDR-Gesellschaft erreichten damit eine neue Qualität. Die von Mielke immer wieder gestellte Leitfrage aller tschekistischen Prävention: „Wer ist wer?" konnte die Staatssicherheit für immer mehr Bürger der DDR verläßlich beantworten.

Im sicherheitspolitischen Klima dieser Zeit konnte sich die MfS-Großbürokratie erheblich verselbstständigen. Zweige wie die Kader- und Finanzverwaltung und die „rückwärtigen" Diensteinheiten bekamen erheblich mehr Personal; und die Zuwächse der Berliner Zentrale lagen kontinuierlich über denen der Bezirksverwaltungen und Kreisdienststellen. Dieser Trend war für den Staats- und Wirtschaftsapparat der DDR nicht ungewöhnlich, doch er verstärkte sich, weil der Geheimapparat von den Planungsmechanismen der Volkswirtschaft und des Staatshaushalts faktisch weitgehend ausgenommen war und extern nicht kontrolliert wurde. Kosten-Nutzen-Analysen spielten daher für die strategischen Perspektiven während der siebziger Jahre keine Rolle.

Damit der MfS-Apparat seinen Aufgaben gerecht werden konnte, musste er seine „Hauptwaffe", das Netz der inoffiziellen Mitarbeiter, ebenfalls ausweiten. Der „schnellstmöglichen Schaffung der erforderlichen operativen Kräfte, insbesondere IM/GMS" maß Mielke „größte Bedeutung" bei, um den neuen Herausforderungen zu begegnen.[3] Die Zahl stieg von rund 100 000 im Jahre 1968 auf rund 180 000 im Jahre 1975 und erreichte damit den höchsten Stand ihrer Geschichte.

Die Qualität des IM-Netzes gab allerdings fortwährend Anlass zur Kritik: Es wurden zu viele SED-Mitglieder geworben, viele Spitzel lieferten kaum wertvolle Informationen, und gerade in den brisantesten Bereichen (z. B. in „feindlich-negativen Kreisen") erwies sich die Rekrutierung von geheimen Zuträgern als schwierig. Seit der zweiten Hälfte der siebziger Jahre bewegte sich die Zahl der inoffiziellen Mitarbeiter nahezu konstant in einer Größenordnung von 170 000 bis 180 000 Personen, allerdings stand hinter diesen Zahlen eine erhebliche Fluktuation: etwa zehn Prozent der IM beendeten bzw. begannen pro Jahr ihre geheime Liaison mit dem Ministerium für Staatssicherheit.

[3] Referat Erich Mielkes auf der Dienstkonferenz am 10.3.1972, S. 62; BStU, ZA, DSt 102209.

Organisationsstruktur des Ministeriums für Staatssicherheit 1989

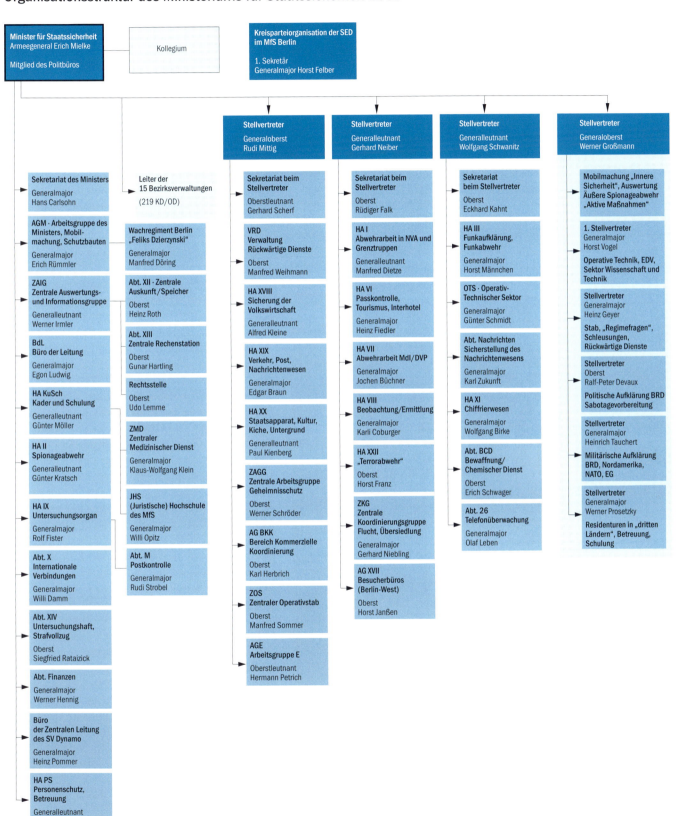

7 Der entfaltete Apparat

Bundeskanzler Willy Brandt mit „Kanzleramtsspion" Günter Guillaume im September 1973. Wenige Monate später wurde Guillaume enttarnt und verhaftet

In den siebziger Jahren vollendete das Ministerium für Staatssicherheit seine Entwicklung zu einem hochgradig ausdifferenzierten Universalapparat aus „operativen" Diensteinheiten der inneren Abwehr und äußeren Aufklärung, verschiedenen Querschnittsabteilungen, technischen Diensten, eigenen Ausbildungsstätten, einem umfänglichen inneren Verwaltungs-, Versorgungs- und Überwachungsapparat. Ein großer Teil dieser Zweige reichte hinunter bis in die Bezirksverwaltungen und Kreisdienststellen. Die Berliner Zentrale zählte zuletzt über sechzig selbstständige Diensteinheiten (einschließlich der HV A-Abteilungen), von denen die wichtigsten in einem knappen Überblick porträtiert werden sollen, um die Vielfalt der Aufgabenfelder und das Zusammenspiel zu illustrieren.

Die Arbeit der Hauptverwaltung A (HV A), des Auslandsspionagedienstes, rückte 1974 mit der Enttarnung eines engen Mitarbeiters von Bundeskanzler Willy Brandt, Günter Guillaume, als DDR-Agent schlagartig in den Blick der westlichen Öffentlichkeit. Der Fall des Kanzlerspions, der schon in den fünfziger Jahren im MfS-Auftrag in die Bundesrepublik übergesiedelt war und seitdem an seinem Aufstieg in der SPD gearbeitet hatte, offenbarte, dass es der HV A gelungen war, mit solchen Agentenschleusungen Spitzenpositionen des westdeutschen öffentlichen Lebens zu besetzen und für ihre Zwecke zu nutzen. Zum Spektrum der MfS-Auslandsspionage gehörte neben der klassischen politischen und militärischen Spionage, die vor allem gegen die Bundesrepublik, aber auch gegen andere westliche Staaten und supranationale Organisationen gerichtet war, auch die für die Volkswirtschaft der DDR bedeutsame Industrie- und Technologiespionage (Sektor Wissenschaft und Technik) sowie die Einflussnahme auf das öffentliche Leben der gegnerischen Staaten mit Hilfe von „aktiven Maßnahmen", um zum Beispiel Politiker mit Protokollen abgehörter Telefongespräche öffentlich zu diskreditieren. Die HV A spielte auch in allen deutsch-deutschen Verhandlungen eine eminente Rolle. Sie kundschaftete nicht nur mit Hilfe ihrer Agenten die Absichten der westlichen Verhandlungsseite aus, sondern war auch in der DDR-Delegation mit einer Reihe von Offizieren und inoffiziellen Mitarbeitern, bis hin zum Verhandlungsführer und späteren Leiter der Ständigen DDR-Vertretung in Bonn, Michael Kohl, konspirativ vertreten. Grundsätzlich galt im MfS das Prinzip der „Einheit von Aufklärung und Abwehr", das heißt, die HV A kooperierte systematisch mit den anderen Diensteinheiten des MfS, zum Beispiel bei der Verfolgung von inneren

Kapitel 7 Der entfaltete Apparat

Während des Urlaubs von Bundeskanzler Brandt in Norwegen übermittelt sein persönlicher Referent Günter Guillaume geheime Papiere an das MfS:

Das Kanzleramt reichte nicht nur dringende eigene Informationen u.a. von den Herren Bahr und Grabert an den Kanzler in Hamar weiter, sondern auch unaufschiebbares Material, das aus dem Außen- und Verteidigungsministerium stammte. Dies war das eigentliche heiße Material, wie es Willy Brandt später einschätzte.

Der weitere Ablauf, der sich in Hamar sehr schnell einspielte, sah dann so aus, dass ich ein paarmal am Tage in der Nachrichtenzentrale vorbeiging, um alles einzusammeln, was an den Kanzler adressiert war. (...)

Wir waren in Hamar in eine Situation geschleudert worden, die unsere Sternstunde darstellte. Es gab Tage, da nahm der Informationsaustausch mit Zentren der Weltpolitik ein solches Ausmaß an, dass ich von der Tragweite der sich daraus ergebenden Möglichkeiten für die eigene Informationstätigkeit wie berauscht war. (...)

Als Ende Juli in Hamar die Abschiedsstunde von einem insgesamt harmonisch und inhaltsreich verlaufenden Urlaub nahte, sprach ich Bauhaus an: „Uli, du fliegst doch direkt mit dem Chef nach Bonn zurück. Kannst Du nicht für mich einen Aktenkoffer mit ins Flugzeug nehmen? Es sind wichtige Papiere drin, alles was hier aufgelaufen ist, und ich will die bei der Rückfahrt nicht im Privatauto haben." [...] Was er nicht wissen konnte, und was auch später von Ermittlern, Staatsanwälten und Richtern nicht aufgeklärt werden konnte, war der Umstand, dass er statt des Koffers mit den Akten den Koffer mit den Souvenirs für mich nach Bonn ins Amt schleppte. Der eigentliche Aktenkoffer lag gut verstaut in unserer Familienkutsche, als ich mich mit Christel und Pierre auf die Heimfahrt machte. (...)

Für das Abendessen an der Hoteltafel zogen wir drei uns fein an. Der Abend war schon vorgeschritten, Musik spielte, als die verabredete Stunde heran war. Ich stand auf, und [ging] nach oben in unser Zimmer, holte den Aktenkoffer aus dem Schrank und sortierte aus dem ganzen Wust der in Hamar aufgenommenen Fernschreiben jene Stücke aus, die als Eilsachen anzusehen waren und schnell nach Berlin mußten. Ich legte sie für die Bearbeitung bereit. Dann ging ich hinunter zur Hotelbar (...) und setzte mich zu einem einsamen Gast, der ein Pernodglas vor sich stehen hatte. [...] Wir wechselten nur wenige Worte, was er brauchte, war der Zimmerschlüssel. (...)

Die Heimfahrt verlief reibungslos. In Bonn hatte ich noch zwei Tage Zeit, die restlichen Hamar-Papiere für den Transport zu bearbeiten. Als ich zum Dienstantritt nach dem Urlaub ins Büro kam, schloss meine Sekretärin Fräulein Boeselt als erstes den Panzerschrank auf und reichte mir den Aktenkoffer heraus. „Ihre Akten, Herr Guillaume. Schönen Gruß von Herrn Bauhaus!".

Günter Guillaume: Die Aussage. Protokolliert von Günter Karau. Berlin (Ost) 1988 (Militärverlag der DDR), S. 308, 311, 326f., ©Universitas Verlag, München.

Michael Kohl (links), Verhandlungsleiter der DDR und Egon Bahr (BRD) treffen sich 1972 zur Unterzeichnung des deutsch-deutschen Grundlagenvertrages

Oppositionellen, sofern sich dabei Aufgaben im „Operationsgebiet", also der Bundesrepublik oder West-Berlin, ergaben. Umgekehrt führten auch andere Diensteinheiten inoffizielle Mitarbeiter außerhalb der DDR, wenn es für ihre Aufgaben nützlich war – ihre genaue Zahl ließ sich bislang nicht ermitteln.

Bei allem Aufwand, den das MfS betrieb, um Einfluss auf Politik und Gesellschaft der Bundesrepublik zu nehmen, sollte seine Wirkungskraft jedoch nicht überschätzt werden. Nur vergleichsweise wenige West-IM operierten als effiziente Einflussagenten, und die bundesdeutsche Demokratie zeigte sich als nicht ernsthaft destabilisierbar. Die 1984 gegenüber der KPdSU-Spitze formulierte Ansicht der SED-Führung, „dass wir heute auf die BRD stärker einwirken als sie auf uns"[1], blieb insofern ein ebenso realitätsblinder wie frommer Wunsch.

[1] Politbüromitglied Herman Axen bei einem Geheimtreffen zwischen der SED- und der KPdSU-Führung am 17.8.1984, in: Detlef Nakath/Gerd-Rüdiger Stephan (Hrsg.): Die Häber-Protokolle. Schlaglichter der SED-Westpolitik 1973–1985. Berlin 1999, S. 417.

Inoffizielle Mitarbeiter der HV A mit bundesdeutscher Staatsbürgerschaft
Stand: Dezember 1988

Kategorie	Anzahl	vorrangige Tätigkeiten/Beispiele
IM zur Arbeit am „Feind"		
Objektquelle	449	Agenten zur Informationsbeschaffung in „Objekten" (z.B. Günter Guillaume im Bundeskanzleramt)
Abschöpfquelle	133	Agenten mit Beziehungen zu „Geheimnisträgern"
Perspektiv-IM	166	langfristiges Einschleusen in interessante Bereiche, (z.B. Studenten)
IM für besondere Aufgaben	66	z.B. Einflußagenten, Journalisten für Desinformations- kampagnen
IM zur Anleitung/Sicherung/Werbung		
Resident	32	MfS-Offizier vor Ort zur Anleitung von 4 bis 6 IM
Werber	275	Kontaktieren und Anwerben von IM-Kandidaten
Ermittler	41	Beschaffung von Informationen, z.B. über IM-Kandidaten
Führungs-IM (FIM)	26	Führte weitere IM
Sicherungs-IM (SIM)	121	z.B. Ehefrauen von Quellen
Gehilfe des Residenten	13	z.B. Ehefrauen von Residenten
IM für Logistik	231	Kuriere, Funker, Anlaufstellen, Schleuser usw.
Gesamt	**1553**	

Nach Helmut Müller-Enbergs (Hrsg.): Inoffizielle Mitarbeiter des Ministeriums für Staatssicherheit. Teil 2: Anleitungen für die Arbeit mit Agenten, Kundschaftern und Spionen in der Bundesrepublik Deutschland. Berlin 1998 (Ch. Links Verlag) S. 40, auf der Grundlage von Abschriften der so genannten Quelle „Rosenholz" (Kartei F 16/F 22/F 77 und Statistikbögen der HV A).

Ein Staatsanwalt über die Enttarnung von Agenten in der Bundesrepublik:

Ein Oberst aus der HV A sagte mir auf meine entsprechende Frage, sie, die HV A, hätte gleich bleibend über die letzten Jahre immer so um die 500 Quellen im Bundesgebiet geführt, die so wertvoll gewesen seien, dass Kuriere oder Instrukteure aus der DDR mit operativem Aufwand – Falschpapiere, Container – zu ihnen in das Operationsgebiet reisen mussten. Das gesamte übrige MfS hätte noch einmal die gleiche Anzahl vergleichbar wichtiger Quellen im Operationsgebiet geführt. (...)

Die Quellenlage erlaubt die Feststellung, dass alle Agenten, die von den wichtigsten (...) Spionageeinrichtungen des MfS geführt wurden, enttarnt sind. Diese Aussage gilt im Grundsatz uneingeschränkt, natürlich mit den denkbaren Ausnahmen, die nie auszuschließen sind. (...)

Die Quellen des Sektors „Wissenschaft und Technik" und erst recht der Hauptabteilung XVIII („Sicherung der Volkswirtschaft"; Schalck-Golodkowski war Oberst und OibE dieser Hauptabteilung) mit ihren Händleragenten, den im Kontakt mit dem MfS mehr oder weniger leichtfertigen Kaufleuten, Messebesuchern und Wissenschaftlern aus dem Westen, sind kaum ermittelt. (...) Diese unverkennbaren Lücken dürften mit einiger Gelassenheit zu ertragen sein. Sie liegen in Randbereichen und hindern nicht die grundsätzliche Aussage: Die MfS-Agenten sind enttarnt.

Joachim Lampe: Juristische Aufarbeitung der Westspionage des MfS. Eine vorläufige Bilanz. BF informiert 24. Berlin 1999 (BStU), S. 5 und 16.

Die enge Kooperation mit anderen Diensteinheiten war auch auf dem Gebiet der Unterstützung von Dritte-Welt-Staaten und antikolonialen Befreiungsbewegungen bedeutsam.

Unter anderem berieten MfS-Offiziere seit den sechziger Jahren in Kuba, Sansibar bzw. Tansania und Ghana (bis zum Sturz Nkrumahs 1966), seit Mitte der siebziger Jahre in Mocambique, Angola und Äthiopien die Regierungen beim Aufbau von Geheimdiensten. Gute Kontakte bestanden 1969 bis 1971 auch in den Sudan, zuweilen nach Südjemen, in den achtziger Jahren nach Nicaragua. Außerdem wurden Guerillakämpfer von Befreiungsbewegungen aus Rhodesien (ZAPU), Namibia (SWAPO) und Südafrika (ANC) in der DDR geheimdienstlich und militärisch ausgebildet.

Der spätere stellvertretende Verteidigungsminister von Südafrika, Ronald Kasrils, über die Ausbildung von Untergrundkämpfern des African National Congress (ANC) durch die DDR-Staatssicherheit im Juli 1977:

Der ANC schickte einige von uns in London auf Reisen. Wir sollten die politische Schulung bei der Ausbildung einiger unserer Rekruten in der Deutschen Demokratischen Republik übernehmen. (...) Wir sollten nacheinander immer zwei Wochen lang unterrichten.

Ich flog von Heathrow über Schiphol, den Flughafen von Amsterdam, wo ich das Flugzeug wechselte. Mit der ostdeutschen Interflug ging es nach Schönefeld, Ost-Berlin. Bei der Ankunft wurde ich von einem Genossen mit trockenem Humor, der eine Tatarenmütze trug, in die VIP-Lounge geleitet. (...) Ich wurde dann von einem Auto abgeholt. Die Fahrt dauerte Stunden, bis ich an der Ausbildungseinrichtung im Wald ankam.

Es war eine Spezialschule, an der alle sechs Monate 40 unserer Rekruten einen Lehrgang für Guerillakriegsführung absolvierten. Die Instrukteure waren junge Ostdeutsche. Ich nahm an, dass sie Armeeangehörige waren, die der Partei angehörten. Sie waren um die dreißig und ausgesprochen fähig und tüchtig. Wie militärische Instrukteure überall, unterrichteten sie ihre Mannschaften mit einer Mischung aus Humor und Disziplin. (...)

Die Genossen arbeiteten die Woche durch hart, manchmal verbrachten sie den ganzen Tag und noch einen Teil der Nacht in den umliegenden Wäldern. Sie spezialisierten sich auf Taktik, legten einander Hinterhalte und simulierten Angriff und Verteidigungsschläge auf imaginäre Feinde. Einige Zeit des Lehrgangs wohnten sie in selbstgebauten Unterständen. (...)

Sie hatten den Rekruten beigebracht, einfache Gruben anzulegen, um Waffen zu verstecken. Diese mussten mindestens einen Meter tief sein. Sie zeigten ihnen, wie man Waffen und Sprengstoff wetterfest verpackt und warnten, keine Spuren zu hinterlassen. Eine Gruppe entdeckte, als sie eine Woche später zwecks Kontrolle der Verstecke zurückkamen, dass ihre Grube von Tieren aufgewühlt worden war. Der Direktor lachte: „Die Genossen, die diese Grube aushoben, hatten Bonbons gegessen und das Papier mitvergraben."

Ich war beeindruckt, dass ein Tier den süßen Geruch von Bonbonpapier bis zu einem Meter Tiefe wahrnehmen konnte. Das war etwas, was wir wirklich ernsthaft bedenken mussten wegen der vielen Tiere auf dem Lande und auch in den Grenzgebieten bei uns. Bei einer Vorlesung des Direktors über Sicherheit hospitierte ich. Er erläuterte dabei die Probleme, die eine revolutionäre Bewegung infolge feindlicher Unterwanderung hat. Das sei eine größere Gefahr als der wirkliche Angriff.

Danach, als wir in seinem Büro Kaffee tranken, bemerkte ich, dass gerade das unserer Bewegung in wachsendem Maße Kopfschmerzen bereite, speziell weil so viele unbekannte Leute zu uns stießen. In vielen Fällen war es schwierig, ohne harte Fakten Vorsicht zu rechtfertigen. „Was soll man", fragte ich, neugierig auf seinen Vorschlag, „in so einem Fall tun?"

Er fasste sich an die Nase, schnüffelte in der Luft herum und sagte nur ein Wort: „Intuition".

Das überraschte mich. „Intuition?" Ich zweifelte. „Gehen wir da nicht zurück zum Glauben?"

Er kicherte, seine Augen glänzten und sahen mich voller Interesse an. „Nein! Nein! Zuerst kommt die Theorie. Auf der Grundlage dieses Wissens sammeln wir praktische Erfahrungen. Aus unserer Praxis heraus sammeln wir auch Erfahrungen. Und dann ...", betonte er triumphierend, „aus dieser großen, großen Erfahrung heraus erwächst so etwas wie ein siebter Sinn ..." Er fasste sich noch einmal an die Nase und kniff die Augen zusammen. „... Intuition".

Ronnie Kasrils: Steckbrieflich gesucht:
Undercover gegen Apartheid. Essen 1997
(Neue Impulse Verlag), S. 126–131.

Die Hauptabteilung I überwachte den Verantwortungsbereich des Ministeriums für Nationale Verteidigung, insbesondere die Nationale Volksarmee und die Grenztruppen der DDR. Sie firmierte dort unter der Bezeichnung „Verwaltung 2000", ihr Leiter war „ständiger Teilnehmer" der Kollegiumssitzungen im Verteidigungsministerium. In den Armee- und Grenzeinheiten unterhielt sie ein dichtes IM-Netz. Unter dem Druck der Militärdisziplin ließen sich junge Rekruten leichter für Spitzeldienste anwerben, außerdem galten hier besondere Sicherheitsregeln. Daneben hatte die Hauptabteilung I auch Aufklärungsaufgaben: Der Militärspionagedienst des Ministeriums für Nationale Verteidigung war durch Verbindungsoffiziere und IM eng mit dem MfS verknüpft. Die Aufklärungseinheit der

Kapitel 7 Der entfaltete Apparat

Abschlußeinschätzung für GMS „David", der während seines Grundwehrdienstes beim Grenzkommando Nord für die Hauptabteilung I des MfS arbeitete. Das Ministerium für Staatssicherheit teilte die IM in verschiedene Kategorien ein: GMS steht für „Gesellschaftlicher Mitarbeiter für Sicherheit". Quelle: BStU, Außenstelle Berlin, AGMS 5385/89, Bl.9

Hauptabteilung I   Schönberg , 28.07.89
Grenzkommando Nord
Unterabteilung Abwehr
Schönberg

```
BStU
000009
```

A b s c h l u ß e i n s c h ä t z u n g

GMS "David" , Reg.-Nr.: XX 2090/87

Der GMS wurde am 18.12.87 durch die KD Friedrichshain auf der Grundlage der pol. - ideologischen Überzeugung für die inoffizielle Zusammenarbeit mit dem MfS berufen.

Nach der Einberufung des GMS zur Ableistung seines Grundwehrdienstes
am 02.02.88 zum GAR-7 Halberstadt erfolgte sein Einsatz mit dem Ziel
 der vorbeugenden Verhinderung von Fahnenfluchten und der ständigen
Klärung der Frage "Wer ist wer?" unter den AGT im Grundwehrdienst.
Die Berichterstattung des GMS erfolgte im GAR-7 in mündlicher Form, da
der GMS Probleme in der Formulierung schriftlicher Berichte hatte.
Durch den GMS wurden vorwiegend Informationen zur Klärung der Frage
"Wer ist wer?" erarbeitet. Der GMS erarbeitete im GAR-7 einen Erstbericht
zum Sold. ▒▒▒▒ .
Die Berichterstattung des GMS konnte als objektiv und ehrlich eingeschätzt
werden.

Mit dem Abschluß der Ausbildung im GAR-7 wurde der GMS im April 1988 zur
4.GK/I.GB/GR-6 Schönberg versetzt.
Nach seiner Zuversetzung erfolgte der weitere Einsatz zu folgenden
Schwerpunkten :
- vorbeugende Verhinderung von Fahnenfluchten und anderen Militärstrafta-
  ten
- vorbeugende Aufdeckung von Verstößen im Grenzdienst und von Mängeln
  und Mißständen an den pioniertechnischen Anlagen
- vorbeugende Bekämpfung von Auswirkungen der PID

Es kann eingeschätzt werden, daß der GMS sich durch eine gute Treffdiszi-
plin auszeichnet. Treffs werden durch ihn pünktlich eingehalten und
vorbereitet.
Die Berichterstattung des GMS erfolgte in mündlicher und schriftlicher
Form. Die schriftliche Berichterstattung des GMS konnte zwar verbessert
werden, benötigt jedoch weiterhin noch immer Anleitung und Unterstützung
durch den OM.
Der GMS hält sich bei der Auftragsrealisierung an die Vorgaben des OM.
Der GMS besitzt ein ausgeprägtes Sicherheitsbedürfnis, was sich teilweise negativ auf die Treffdurchführung auswirkt. Der GMS wird schnell
nervös und bringt dann nicht mehr die nötige Ruhe auf um den Treff
mit weiteren konstruktiven Beiträgen zu bereichern.
Anzeichen der Verletzung der Konspiration und der Geheimhaltung wurden
in der bisherigen Zusammenarbeit mit dem GMS nicht festgestellt.
Einer weiteren Zusammenarbeit nach dem Grundwehrdienst steht der GMS
prinzipiell nicht ablehnend gegenüber, jedoch brachte er zum Ausdruck,
daß er nur bei bestehender Notwendigkeit die inoffizielle Zusammenarbeit
nach dem GWD fortführen möchte da er sich erst einmal um sich persönlich
kümmern will.
Besondere Mittel und Methoden des MfS wurden dem GMS in der bisherigen
Zusammenarbeit nicht vermittelt.
Der GMS wird als Zuverlässig eingeschätzt.
Die GMS-Akte wurde ohne F-217 übernommen.

                                    Operativer Mitarbeiter

                        ▒▒▒▒▒▒ - Oltn. -

Aus einem Bericht der Objektdienststelle Zeiss Jena, 1985:

Die OD Zeiss Jena konzentrierte die Arbeit zur operativen Durchdringung des SPB [Schwerpunktbereiches] „Mikroelektronik" vorrangig auf die F/E [Forschung und Entwicklung]-Bereiche. (...) Sie erbrachte folgende Ergebnisse:

– Abschluss des OV „Wolf" mit dem Nachweis von Straftaten gemäß § 213 StGB [ungesetzlicher Grenzübertritt]. Die (...) erhielt eine Freiheitsstrafe von 1 Jahr und 6 Monaten; der (...) wurde aus dem SPB herausgelöst. Damit ist der Informationsfluss zum Ehemann der (...) in die BRD unterbrochen. (...)

– Einstellung der OPK [Operative Personenkontrolle] „Physik" und „Späher". Die in beiden Materialien bearbeiteten privaten Kontakte in die BRD sind nicht mit feindlichen Handlungen oder Pflichtverletzungen verbunden.

– Die zur Einleitung der OPK „Spezialist" führende operativ bedeutsame Verbindung zu einem Bürger aus WB [West-Berlin] besteht nicht mehr. (...)

– Einstellung der OPK „Kreisel". Der Einsatz operativer Kräfte und Mittel führte nicht zur Bestätigung von Verdachtsmomenten des Missbrauchs der privaten Kontakte des Ehepaares (...) in die BRD im gegnerischen Interesse.

– Die Mitarbeiter des SPB „Mikroelektronik" verfügen im Vergleich zu anderen Bereichen über eine hohe Anzahl privater Kontakte ins NSW [Nichtsozialistisches Wirtschaftsgebiet]. 33 Angehörige des Forschungszentrums unterhalten Beziehungen zu Verwandten und Bekannten nach Oberkochen/Aalen/ Heidenheim und Mainz. (...)

– Die Auswertung von IM-Informationen und M-Dokumenten [Postkontrollen] erbrachte Hinweise auf die Aktivierung ihrer Rückverbindungen zu Angehörigen des SPB durch ehemalige DDR-Bürger.

– Aus der Verdichtung der Informationen entstand (...) die OPK-Person „Rose". Die OPK „Rose" gehört einer intellektuellen Gruppierung mit negativem Charakter an. (...)

– Zu weiteren Personen (...) liegen offiziell auswertbare Informationen über Pflichtverletzungen im Zusammenhang mit NSW-Beziehungen vor. Ihre Herauslösung aus dem SPB wird eingeleitet.

In: Reinhard Buthmann: Kadersicherung im Kombinat VEB Carl Zeiss Jena. Die Staatssicherheit und das Scheitern des Mikroelektronikprogramms. Berlin 1997 (Ch. Links Verlag), S. 215f.

MfS-Auszeichnungen für den Leiter der Zollverwaltung, Gerhard Stauch. Quelle: BStU, ZA, KS 9500/90, Bd. I, Bl. 58

Grenztruppen, die Spionagearbeit im direkten Umfeld der DDR-Staatsgrenze leistete, bestand ausschließlich aus hauptamtlichen MfS-Mitarbeitern (Abteilungen „Aufklärung Grenzkommando Nord/ Mitte/Süd" der HA I).

Zu den Aufgaben der Hauptabteilung II (Spionageabwehr) gehörten neben der Überwachung von diplomatischen Vertretungen und ausländischen Journalisten die innere Sicherheit des MfS, die Spionageabwehr im Außenministerium der DDR sowie an jeglichem anderen „Angriffspunkt" gegnerischer Geheimdienste. Sie unterhielt Operativgruppen in Moskau, Warschau, Prag, Budapest und Sofia. Als besonderes Aufgabengebiet sicherte sie auch die Kooperation von SED und FDGB mit der westdeutschen DKP und der Sozialistischen Einheitspartei West-Berlins (SEW) geheimdienstlich ab. Zudem verfügte die DKP über eine geheime Militärorganisation, deren ca. 200 Mitglieder vom MfS ausgebildet wurden. Die Hauptabteilung II verfügte 1989 allein in der Berliner Zentrale nach ihrem rasanten Wachstum in den siebziger Jahren über etwa 1 500 Mitarbeiter.

Die Einheiten für Passkontrollen und „Sicherung des Reiseverkehrs" sind 1970 zur Hauptabteilung

Unter dem Decknamen „Nordstern II" installierte das MfS im Hotel „Baltic" in Stralsund „Wanzen" (Maßnahme B) zum Abhören von ausländischen Touristen.
Quelle: BStU, Außenstelle Rostock, Abt. 26 Nr. 17, Bl. 12

VI zusammengelegt worden. Im Aufgabenbereich dieser Diensteinheit ergab sich eine enge Verzahnung mit den Grenztruppen der DDR, die unter anderem das Kommando an den Grenzübergangsstellen führten, und der Zollverwaltung der DDR, deren seit 1963 amtierender Leiter, Zollchefinspekteur Gerhard Stauch, zugleich MfS-Oberst im besonderen Einsatz war. Neben den unmittelbaren Grenzkontrollen und damit zusammenhängenden geheimdienstlichen Aufgaben gehörten alle Fragen der Kontrolle des Reiseverkehrs in die und aus der DDR, einschließlich der Überwachung der Interhotels, zur Zuständigkeit der Hauptabteilung VI.

Eine ähnliche Funktion wie die Hauptabteilung I für das DDR-Militär hatte die Hauptabteilung VII für die Volkspolizei und die anderen dem Ministerium des Innern zugeordneten Institutionen, wie die Kampfgruppen der Arbeiterklasse, den Stab der Zivilverteidigung, aber auch die Staatliche Archivverwaltung. Überwachung und Kooperation spielten hier gleichermaßen wichtige Rollen. Häufig diente die Polizei als Hilfs- und Unterstützungsorgan im Rahmen des „Politisch-operativen Zusammenwirkens" (POZW). Das Arbeitsgebiet I der Kriminalpolizei (politische Kriminalität) arbeitete ohnehin permanent mit dem MfS zusammen und verfügte über ein eigenes Spitzelnetz. Hinzu kamen die VP-Abschnittsbevollmächtigten mit ihren Vertrauensleuten. Schließlich ergaben sich enge Beziehungen zur Verwaltung Strafvollzug des Ministeriums des Innern(MdI), der die Haftanstalten der DDR unterstanden. Das – neben den eigenen Untersuchungshaftanstalten – wichtigste vom MfS genutzte Gefängnis war die Strafvollzugsanstalt Bautzen II, die formell unter MdI-Leitung stand, faktisch aber weitgehend vom MfS kontrolliert wurde. Hier verbüßten die vom MfS verfolgten politischen Häftlinge, wie Rudolf Bahro, ihre Strafe.

Als weitere operative Diensteinheiten sind die Hauptabteilungen XVIII (Volkswirtschaft) und XIX (Verkehr, Post, Fernmeldewesen) zu nennen, unter deren Beobachtung die Volkswirtschaft und die Infrastruktur der DDR standen. Zum Überwachungsbereich der Hauptabteilung XVIII (bis 1964 HA III) und ihrer Zweigstellen in den Bezirken gehörte neben den Betrieben und Kombinaten auch die Planbürokratie bis hin zu den zahlreichen Industrie- und anderen Wirtschaftsministerien, dem Apparat des Ministerrats und der Staatlichen Plankommission, aber auch die verschiedenen Wissenschaftsakademien. Im Dienstbereich der Hauptabteilung XVIII waren zuletzt sechs Objektdienststellen (OD) eingerichtet (in den Chemischen Kombinaten Buna, Leuna und Bitterfeld, dem Gaskombinat „Schwarze Pumpe", dem Kombinat Carl Zeiss Jena und dem Atomkraftwerk Lubmin/Greifswald); eine weitere OD bestand in der Technischen Universität Dresden, sie gehörte zur Linie XX. In den siebziger Jahren bestanden außerdem zwei Objektdienststellen in erdölverarbeitenden Betrieben in Schwedt und Böhlen.

In die Zuständigkeit der Hauptabteilung XIX fielen neben Reichsbahn, Post, Flughäfen usw. auch die Transportpolizei. Aufgrund der zentralistischen Organisation der Volkswirtschaft und ihrer Bedeutung für die SED-Politik kam der Hauptabteilung

bl. 26 11   Rostock 4. 3. 83

Realisierungsbericht zur B-Maßnahme

„Nordstern II"

Am 2. 3. 83 in der Zeit von 14:30 Uhr bis 16:30 Uhr führten die Genossen Hauptmann T█████, Oberfeldwebel B███ und Unterleutnant █████ die B-Vorbereitung im Hotel Baltic durch. Hierzu mieteten sich die Gen. T█████ in das Zi. 308 und Gen. █████ in das Zi. 307 ein.

Gen. █████ durchbohrte die Wand und setzte ein 10mm Sonderrohr mit Kappe ein. Das Sonderrohr wurde, nach einer Qualitätsüberprüfung mit einer op. Technik „Bremen", verschlossen.

Es muß berücksichtigt werden, daß die Auswertbarkeit des B-Objektes durch den ständig andauernden Straßenlärm sehr beeinträchtigt wird. Die Qualität des Objektes kann als „gut" eingeschätzt werden.

Anschließend verließen die Genossen das Hotel. Gen. T█████ übernachtete im Hotel und bezahlte am 3. 3. 83 beide Zimmer.

(Die Bestellung der Zimmer erfolgte durch die KD Stralsund auf den Namen „Lehmann")

█████████ █ ultn.

Kapitel 7 Der entfaltete Apparat

Von der Staatssicherheit illegal beschaffte Spitzentechnik wurde in der DDR analysiert und nachgebaut. Das war den Herstellern im Westen offenbar bekannt: Eine US-Firma gravierte in Ihren Mikrochip in schlechtem Russisch die Mahnung, die östlichen Spezialisten hätten schon „genug geklaut".
Quelle: BStU, Außenstelle Erfurt, Abt. XVIII 13, Bl.82

XVIII eine wichtige Funktion zu. Das Spektrum reichte von Aufgaben des Betriebsschutzes und der Industriespionageabwehr über Sicherheitsüberprüfungen in militärisch relevanten Hochtechnologiebereichen bis hin zu Lückenbüßerfunktionen im Planungsprozess und technischer Modernisierungshilfe durch Spionage.

Die Wirkungen des MfS-Einflusses auf die DDR-Wirtschaft erscheinen widersprüchlich: einerseits finden sich Beispiele, in denen die Staatssicherheit über ihren Parallelapparat ökonomisch belastende Mißstände aufdecken und beseitigen konnte, andererseits trug zum Beispiel die rigide Geheimnisschutzdoktrin dazu bei, innovative Spezialisten „aus Sicherheitsgründen" zu entfernen.

Die Hauptabteilung XX wird oft als eigentlicher Kern des Ministeriums für Staatssicherheit bezeichnet. Das ist aufgrund des verhältnismäßig geringen Umfangs von etwa 460 Mitarbeitern (1989) im Ministerium (und etwa doppelt so vielen in den Bezirksverwaltungen) zwar übertrieben, doch war sie für den Kampf gegen oppositionelle Regungen in der DDR von zentraler Bedeutung. Hier waren die Abteilungen gegen die „politisch-ideologische Diversion" (PID) bzw. ihre Steigerungsform, die „politische Untergrundtätigkeit" (PUT) angesiedelt; hier wurden die christlichen Kirchen und andere Religionsgemeinschaften sowie der gesamte Kultur- und Medienbetrieb überwacht. Daneben war die Hauptabteilung XX für die Kontrolle der Blockparteien und gesellschaftlichen Organisationen der DDR, des Gesundheits- und Bildungswesens sowie des Sports verantwortlich. Sieht man von der SED ab, die vom MfS nicht systematisch überwacht werden durfte, deckten die Hauptabteilung XX und ihre Zweige in den Bezirken und Kreisen praktisch das gesamte öffentliche Leben der DDR ab. Zur Verfolgung von oppositionellen Aktivitäten durch die Hauptabteilung XX gehörte auch die geheimdienstliche „Bearbeitung" von „Zentren der PID/PUT" in Westdeutschland und West-Berlin. Hierunter fielen deutschlandpolitische Institutionen und Forschungsinstitute sowie die ausgereisten oder ausgebürgerten DDR-Oppositionellen, wie der Jenaer Schriftsteller und Psychologe Jürgen Fuchs, der mit Psychoterror und Anschlägen drangsaliert wurde.

Jürgen Fuchs (1950–1999), 1976 verhaftet, 1977 nach West-Berlin abgeschoben. Mit Zersetzungsmaßnahmen sollten er, seine Familie und seine Freunde als „Agentenbande Fuchs" zermürbt und isoliert werden

MfS-Einschätzung über Presseartikel von Jürgen Fuchs, 15. Februar 1978:

Zu den vorliegenden publizierten Artikeln des F. kann eingeschätzt werden, dass es sich hierbei um eine ähnliche scheindokumentarische Methode der Darstellung von angeblichen Erlebnissen handelt, wie dies von ihm bereits in seinen so genannten Gedächtnisprotokollen praktiziert, die unter anderem den Gegenstand seines Ermittlungsverfahrens bildeten. Durch faktologische Aneinanderreihung von Ereignissen in der Darstellung von angeblichen Tagebuchaufzeichnungen und die Verwendung von fiktiven Fragen und Antworten, gibt sich F. bewusst den Anschein der Objektivität und seinem Pamphlet den Charakter einer absolut sachlich und einwandfrei nachgewiesenen Dokumentation. Diese Art der Darstellung, die nur ihm genehme Äußerungen und Haltungen enthält, ist ausschließlich auf eine einseitige Rechtfertigung seiner Ansichten, die Glorifizierung einer Märtyrersituation sowie die Diskriminierung und Verleumdung der Organe des MfS gerichtet.

In: Jürgen Fuchs: Unter Nutzung der Angst.
Die „leise Form" des Terrors – Zersetzungsmaßnahmen
des MfS (BF informiert, Nr. 2/1994). Berlin 1994(BStU), S. 32.

Die Kirchen geheimdienstlich zu durchdringen war für die Staatssicherheit besonders wichtig, weil es sich bei ihnen um die einzigen gesellschaftlichen Institutionen handelte, die dem System ideologisch fremd geblieben waren. Sie unterlagen nicht den Prinzipien des Demokratischen Zentralismus und waren damit dem direkten Zugriff der Einheitspartei nicht unterworfen. In diesem Freiraum sammelte sich in den siebziger und achtziger Jahren ein erheblicher Teil des oppositionellen Potenzials. Das MfS sollte hier mit Hilfe von Einflussagenten auf konspirativem Wege den SED-Interessen Geltung verschaffen. Besonders den theologischen Fakultäten der staatlichen Universitäten und den Kirchenjuristen kam hierbei große Bedeutung zu. Wie weit der Einfluss des MfS auf die kirchenleitenden Gremien und ihren Kurs tatsächlich reichte, ist umstritten, nicht aber die Intensität der Anstrengungen: 1988/89 führte das MfS auf der „Kirchenlinie" mindestens 800 inoffizielle Mitarbeiter.

Einen Schwerpunkt der Hauptabteilung XX bildete seit den siebziger Jahren die Durchdringung der Literatur- und Theaterszene der DDR, der eine wichtige Artikulationsfunktion für gesellschaftliche Stimmungen und Kritik zukam, die auf direktem politischem Weg nicht formuliert werden konnten.

Zersetzungsmaßnahmen gegen Jürgen Fuchs, MfS-Aktennotiz von 1982:

Im Zeitraum von Ende August bis Ende September 1982 wurden in konzentrierter Form spezielle Maßnahmen mit dem Ziel realisiert, F. zu verunsichern und in seinem Handlungsspielraum zu beeinträchtigen. Das betraf u.a.:

F. wurde kontinuierlich, vor allem in den Nachtstunden, in seiner Wohnung angerufen, ohne dass sich der Anrufer meldete. Gleichzeitig wurde jeweils der Fernsprechanschluss zeitweilig blockiert.

Im Namen von F. wurde eine Vielzahl von Bestellungen von Zeitungen, Zeitschriften, Prospekten, Offerten u. dgl. aufgegeben, darunter auch Bestellungen, die zur Kompromittierung des F. geeignet sind.

Mehrfach wurden Taxis und Notdienste (Schlüsselnotdienste, Abflußnotdienst, Abschleppdienst) vorwiegend nachts zur Wohnung des F. bestellt.

Mit einer Vielzahl von Dienstleistungsunternehmen und anderen Einrichtungen wurden zu unterschiedlichen Tageszeiten einschließlich der Wochenenden, Besuche bei (...) vereinbart (Beratung von Wohnungs- und Kücheneinrichtung, sowie zur Bad-ausstattung; Polstermöbelaufarbeitung, Polstermöbelreinigung, Wohnungsreinigung, Fensterputzer, Abholung von Schmutzwäsche, von Teppichen und Gardinen; Verkauf von Antiquitäten, Antiquariatsartikeln, Musikinstrumenten, Wohnungsauflösung, Abholung von Autowracks; Reparatur von Fernsehgeräten und Waschmaschinen; Möbeltransport, Ungezieferbekämpfung, Bereitstellung von Mietautos mit Fahrer, Massage, Beratung über Versicherungsabschlüsse, Buchung von Reisen, Bestellung von Menüs).

Die dazu durchgeführten Überprüfungen ergaben, dass sich F. angesichts der von den beauftragten Unternehmen veranlassten Aktivitäten, der wiederholten Störungen und des massiven (...) Eintreffens von Materialien unterschiedlichster Art belästigt fühlt und darüber verärgert ist. Bisher wurden seinerseits keine Bemerkungen bekannt, wonach er die eigentlichen Urheber für diese Belästigungen in Maßnahmen des MfS sieht.

In: Jürgen Fuchs: Unter Nutzung der Angst.
Die „leise Form" des Terrors – Zersetzungsmaßnahmen
des MfS (BF informiert, Nr. 2/1994).
Berlin 1994(BStU), S. 39.

Abteilung XX/4   Potsdam, 17. Juli 1972
                       Schi/Kn

B e r i c h t
über den Einsatz des IM "Wilhelm" in Vorbereitung und
Durchführung der 4. Tagung der Synode des Bundes der
evangl. Kirchen in der DDR in Dresden in der Zeit vom
30. 6. 1972 - 4. 7. 1972

Der IM war während dieser Synode in einer Arbeitsgruppe als
Mitglied tätig und in dem entscheidenden Berichtsausschuß
fungierte er als Vorsitzender.
In beiden Gremien war nachweislich auch durch andere
inoffizielle Kräfte festzustellen, daß der IM "Wilhelm"
bemüht war, die staatliche Kirchenpolitik durchzusetzen
und sich auftragsgemäß zu verhalten.
Hervorzuheben ist, daß der IM z.B. im Berichtsausschuß
bis spät in die Nacht hinein gearbeitet hat, um die vom
Berichtsausschuß zu erarbeitende Stellungnahme selbst
zu formulieren. Im Endergebnis konnte unter besonderer
Initiative des IM die verabschiedete Erklärung so ge-
halten werden, daß sie allgemein in der Aussage blieb und
zumindestens keine Aussagen gegen die staatliche Kirchenpolitik bzw. gegen die soz. Gesellschaftsordnung beinhaltete.

Bedeutungsvoll dabei ist jedoch besonders die Tatsache,
daß der IM bewußt Staatssicherheitsaufgaben erfüllt hat.
Andererseits war sein Verhalten auf der Synode so, daß er
das Vertrauen führender kirchlicher Vertreter besitzt und
nicht als staatlich vorprogrammiert angesehen wird.
Hervorzuheben ist außerdem die vom IM gezeigte Initiative,
um positive Wendungen während dieser Synode zu erzielen.
So brachte der IM seinen Einfluß durch sein Auftreten in
der Diskussion und in der Arbeitsgruppe bzw. im Berichtsausschuß zum Ausdruck.
Wertvoll waren ebenfalls seine Hinweise und Vorschläge, die
geeignet w-aren, das Vorgehen staatlicherseits besser bestimmen zu können.

Hauptmann

Kirchen-IM „Wilhelm"
beeinflusste im MfS-
Auftrag die 4. Synodal-
tagung des Bundes
der evangelischen Kirchen
in der DDR.
Quelle: BStU, Außenstelle
Potsdam, Abt. XX 30,
Bl.160-161

Aufgrund der öffentlichen Reputation dieser – der DDR meist in kritischer Loyalität verbundenen – Intellektuellen legte die Staatssicherheit das Gewicht auf die vorbeugende Überwachung des Literaturbetriebs und bediente sich nicht zuletzt zahlreicher Künstler und Kulturfunktionäre, die ihr als inoffizielle Mitarbeiter dienten. Parallel zur staatlichen und SED-Kulturbürokratie und den Künstlerverbänden agierte die MfS-Kulturabteilung als im Hintergrund wirksame Zensurbehörde, die die Produktion kritischer Literatur nach Kräften zu behindern trachtete und missliebige Autoren, zum Beispiel unter dem Vorwand von Devisenvergehen bei Westveröffentlichungen, kriminalisierte.

Neben diesen großen Hauptabteilungen, die im Wesentlichen seit der MfS-Gründung (teilweise unter anderen Strukturbezeichnungen) bestanden hatten, sind einige wichtige Diensteinheiten zu nennen, die erst in den siebziger und achtziger Jahren das Aufgabenspektrum des MfS ergänzten (bzw. erst dann einen Umfang erreichten, der die Schaffung eigenständiger Aufgabengebiete nahe legte). So wurde 1972 die Arbeitsgruppe XVII gegründet, die die so genannten Besucherbüros in West-Berlin betrieb, in denen West-Berliner Einreisen in die DDR beantragen mussten. Das Personal der Besucherbüros bestand aus hauptamtlichen und inoffiziellen Mitarbeitern des MfS.

Besucherbüro in Berlin-Charlottenburg, 1973

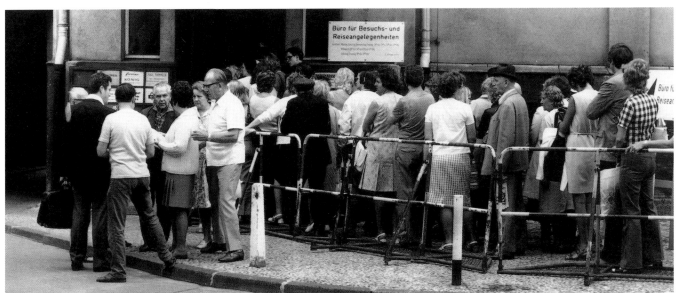

Als Reaktion auf die weltweite Zunahme terroristischer Anschläge baute die Staatssicherheit ab 1975 eine eigene Einheit zur „Terrorabwehr" (Abteilung XXII) auf, deren Aufgabenspektrum über die eigentliche Verhinderung von Terrorangriffen gegen die DDR bald weit hinausreichte. Von dieser Diensteinheit wurde nicht nur das gesamte links- und rechtsradikale Spektrum der Bundesrepublik beobachtet (sofern es nicht DKP-nah war), sondern auch zahlreiche andere westdeutsche Organisationen und Institutionen, von denen DDR-kritische Aktivitäten erwartet wurden. Besonderes Augenmerk galt dabei Versuchen dieser Organisationen, ihren Aktionsradius auf die DDR auszudehnen. So wurde in den siebziger Jahren mit erheblichem Aufwand der Versuch der maoistischen, später pro-albanischen Kommunistischen Partei Deutschlands/Marxisten-Leninisten (KPD/ML) vereitelt, eine Sektion DDR zu schaffen.

Über diese „Gefahrenabwehr" hinaus spielte die Abteilung XXII bald eine aktive Rolle in der internationalen Terrorszene. So überwachte sie unter anderem arabische Terroristen, die die DDR mit ihrem Wissen als Ruheraum und Transitland nutzten. Zu den spektakulärsten Operationen der Abteilung XXII gehörte die Aufnahme von zehn „Aussteigern" der bundesdeutschen Terrorgruppe „Rote Armee Fraktion" (RAF) Anfang der achtziger Jahre. Sie wurden mit neuen Identitäten ausgestattet und beruflich in der DDR integriert. 1980 bis 1982 waren mehrmals RAF-Mitglieder in der DDR und wurden vom MfS im Umgang mit Waffen trainiert. Das hinter diesen streng geheimen und mit hohem außenpolitischem Risiko verbundenen Operationen stehende Kalkül ist bislang nicht abschließend geklärt, hier mischten sich offenbar Motive „antiimperialistischer Solidarität" mit dem Bestreben, die Aktivitäten kontrollieren und beeinflussen zu können.

Kapitel 7 Der entfaltete Apparat

Die RAF-Aussteigerin Inge Viett über ihre Zeit in der DDR:

Dann, nach dreieinhalb Jahren Dresden, fährt Beate, die mich kennt und mich undurchsichtig findet, in die Bundesrepublik. Nachts steht sie gelangweilt auf einem Großbahnhof und wartet auf den Anschlusszug. Sie betrachtet müde die vielen Reklameschilder. Zwischen ihnen hängt ein großes Fahndungsplakat gesuchter Terroristen. Sie studiert es und ist plötzlich hellwach. In dem Foto der gesuchten Inge Viett erkennt sie die ihr gut bekannte Eva-Maria Sommer aus Dresden.

Als sie zurückkommt, isst sie bei uns zu Abend. Sie sagt nichts, aber ich spüre ihre Blicke öfter und in gezwungener Unauffälligkeit auf meinem Gesicht und meinen Händen. Sie sucht die Narbe, die als besonderes Merkmal auf dem Fahndungsplakat ausgewiesen ist. (...) Beate wartet ein paar Tage, dann erzählt sie es Ruth. „Damit du weißt, mit wem du es zu tun hast." (...)

So rufe ich in Berlin an und erkläre die Lage. (...) Diesmal sollte es Magdeburg sein. (...) Am Ende brachten wir doch alles zu einer schönen runden Legende zusammen: untere Leitungsebene mit einem Ökonomiestudium, zuvor mit Ehemann dessen elterlichen Familienbetrieb geführt. Nach Tod des Mannes nun eine Neuorientierung jenseits der Familienenge.

Inge Viett: Nie war ich furchtloser. Autobiographie. Hamburg 1996 (Edition Nautilus), S. 281–283.

Das „Forsthaus an der Flut" in Briesen bei Frankfurt (Oder) war die erste Station der RAF-Aussteiger. Hier wurden Susanne Albrecht, Silke Maier-Witt, Christine Dümlein, Sigrid Sternebeck, Inge Viett, Monika Helbig, Werner Lotze, Ralf Baptist Friedrich, Ekkehard von Seckendorff-Gudent und Henning Beer auf ihr Leben in der DDR vorbereitet

Am 15. September 1981 feuerte ein RAF-Kommando mit einer Panzerfaust auf den Wagen von Frederik Kroesen. Der US-General blieb unverletzt, da sein Fahrzeug gepanzert war. Das MfS hat die Linksterroristen im Umgang mit solchen Waffen trainiert. Ob das Training vor oder nach dem Attentat stattfand, konnte bis heute nicht geklärt werden

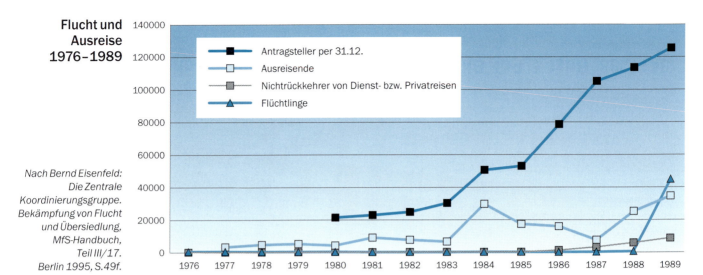

Flucht und Ausreise 1976–1989

Nach Bernd Eisenfeld: Die Zentrale Koordinierungsgruppe. Bekämpfung von Flucht und Übersiedlung, MfS-Handbuch, Teil III/17. Berlin 1995, S.49f.

Erich Mielke zeichnet Alexander Schalck-Golodkowski mit der Medaille der Waffenbrüderschaft aus

1976 nahmen eine Zentrale Koordinierungsgruppe (ZKG) sowie entsprechende Bezirkskoordinierungsgruppen (BKG) zur Bekämpfung von Westflucht und Ausreise ihre Arbeit auf. Ursprünglich sollte die ZKG die Aktivitäten des MfS gegen die Flucht von DDR-Bürgern und westliche Fluchthilfeorganisationen koordinieren. Seit 1977 war sie auch für die nach der KSZE-Schlussakte sprunghaft ansteigenden Ausreiseanträge zuständig. Sie sollte gemeinsam mit Volkspolizei und anderen staatlichen Stellen die Zahl der Anträge durch Repressalien gegen die Antragsteller zurückdrängen, westliche Institutionen und Organisationen, die Ausreisewillige unterstützten, bekämpfen und in der DDR Versuche unterbinden, den Ausreiseanträgen durch öffentliche Aktionen Nachdruck zu verleihen und Gruppen zu bilden.

Während die Zahl der Fluchten und aufgedeckten Fluchtversuche bis 1985 ständig zurückging, stieg die Zahl der Antragsteller auf „ständige Ausreise" unaufhaltsam an. 1984, als ein Stand von 50 000 Anträgen erreicht war, öffnete die DDR-Führung kurzzeitig die Schleusen und ließ fast 30 000 DDR-Bürger ausreisen. Doch die erhoffte Lageberuhigung blieb aus, der Sogeffekt war stärker: Bereits Ende 1985 lagen wieder 53 000 Anträge auf Ausreise vor, bis Sommer 1989 stieg ihre Zahl auf 125 000. Die Ausreisebewegung wurde damit zu einem der wichtigsten Aktionsfelder des MfS, doch das „Schwert" der Partei erwies sich hier als stumpf: Es gelang weder durch Repression und Kriminalisierung noch durch die Genehmigung der Ausreise von besonders hartnäckigen Antragstellern, das Problem in den Griff zu bekommen.

Im Jahre 1983 wurde außerdem eine selbstständige Arbeitsgruppe Bereich Kommerzielle Koordinierung (AG BKK) gebildet. Die AG BKK übernahm von der Hauptabteilung XVIII die geheimdienstliche Steuerung und Überwachung des 1966 im Ministerium für Außenhandel und innerdeutschen Handel gegründeten Bereichs Kommerzielle Koordinierung (KoKo). An der Spitze der „KoKo" stand zunächst der MfS-Offizier Horst Roigk, 1967 wurde Alexander Schalck-Golodkowski zum Leiter ernannt und zuvor im Range eines Obersten als MfS-Offizier im besonderen Einsatz (OibE) verpflichtet.

Kapitel 7 Der entfaltete Apparat

**Automatisches
Sturmgewehr STG K 90
mit Munition
Quelle: Bürgerinitiative
Kavelstorf**

**Werbematerial
für Munition vom
Kaliber 7,62 x 39 mm
in französischer und
arabischer Sprache
Quelle: Bürgerinitiative
Kavelstorf**

69

Bericht des Bundesnachrichtendienstes, 30. Dezember 1982:

Der Bereich „Kommerzielle Koordinierung" (KoKo) im Ministerium für Außenhandel (MAH) der DDR als Hilfsorgan für das Ministerium für Staatssicherheit (MfS). (...)

Solange die DDR von der Mehrzahl der Staaten außerhalb des kommunistischen Machtbereichs – in der DDR-Terminologie: NSW-Staaten – nicht diplomatisch anerkannt war, war das MfS gezwungen, auf die Nutzung der Auslandsvertretungen der DDR für nachrichtendienstliche Zwecke weitgehend zu verzichten. (...)

Vor diesem Hintergrund wurde etwa 1965 im MfS eine Konzeption entwickelt, die systematisch und konsequent die Außenhandelsbeziehungen der DDR für die Nachrichtengewinnung des MfS erschließen sollte. Es wurde der Bereich KoKo als Organ des MfS im MAH gegründet.

Sein Leiter wurde Staatssekretär Dr. Alexander Schalck-Golodkowski, der allgemein nur als Schalck bezeichnet wird.

Er berichtet in nachrichtendienstlichen Angelegenheiten dem Minister für Staatssicherheit, Erich Mielke, direkt; im MAH wurde er dem Minister für Außenhandel, Horst Sölle, unmittelbar unterstellt. (...)

Die Aufgaben des Bereiches KoKo sind im wesentlichen folgende:

2.1. Kontrolle des Außenhandelsapparates (...)
2.2. Abschöpfen der nachrichtendienstlich interessanten Informationen aus Berichten der Reisekader des MAH (...)
2.3. Sichten der Berichte auf darin enthaltene Sachinformationen und auf Hinweise über nachrichtendienstlich interessante Personen. (...)
2.4. Gezielte Informationsgewinnung durch geeignete Kader des Außenhandelsapparates, die als IM für die HVA tätig sind.(...)

2.5. Fortsetzung und weitere Steuerung nachrichtendienstlich interessanter Kontakte (...)
2.6. Beschaffen von Informationen und Waren, die legal für die DDR nicht zu erlangen sind (Embargogüter).

Typische Methoden zum Beschaffen der Güter, die einem Embargo durch westliche Industriestaaten unterliegen, sind:

– das Gründen oder Einschalten von Firmen im NSW, die als Käufer oder Vermittler dieser Güter für dritte Empfänger auftreten und Falschdeklaration zum Endverbleib abgeben.

– Gründen oder Einschalten von Firmen im NSW, die als Käufer von Embargogütern auftreten und den Weiterverkauf mit falschen Erklärungen zum Inhalt der Sendung vornehmen.

– Transfer und Transport von Embargogütern durch Firmen des Bereiches KoKo aus einem Land des NSW unter Zollverschluss durch die DDR in ein anderes NSW und Entwenden des dem Embargo unterliegenden Teils und Ersetzen durch ein anderes im Sinne der Embargobestimmungen harmloses Gut.

2.7. Finanzieren von nachrichtendienstlichen und anderen geheim zu haltenden Operationen im NSW durch Firmen, die dem MAH nachgeordnet sind.

Das Beschaffen und Transferieren von Devisen für Zwecke des MfS durch Firmen des Bereiches KoKo geschieht entweder durch den legalen Transfer von Erlösen aus Transaktionen in die DDR oder durch die Mitnahme der Devisen in bar dorthin.

Der für das MfS bestimmte Teil wird in der Regel nach Absprache mit Staatssekretär Schalck festgesetzt und an das MfS überwiesen.

In: Bericht des 1. Untersuchungsausschusses des 12. Deutschen Bundestages: Der Bereich Kommerzielle Koordinierung und Alexander Schalck-Golodkowski. Werkzeuge des SED-Regimes, Bonn 1994, Anlagenband 1, S. 312–321.

Auch die anderen leitenden Positionen waren mit OibE besetzt. Dieser Bereich hatte die Aufgabe, durch Waffenverkäufe und andere Handelsaktionen die Devisenlage der DDR „außerhalb des Plans" aufzubessern und Produkte, die westlichen Embargobestimmungen unterlagen, verdeckt zu beschaffen.

In Kavelstorf bei Rostock unterhielten das MfS und die Koko-Firma IMES ein umfangreiches Waffenlager für Geschäfte mit Rüstungshändlern und kriegführenden Staaten. In den achtziger Jahren belieferten sie sowohl den Iran als auch den Irak, die gegeneinander Krieg führten.

In diesem Zusammenhang gewann auch die bereits 1963 aufgenommene Praxis des „Häftlingsfreikaufs" und anderer humanitärer Bemühungen durch die Bundesrepublik immer mehr an Bedeutung. Die Verhandlungen mit der Bundesregierung führte unter enger Anleitung des MfS der DDR-Unterhändler Rechtsanwalt Wolfgang Vogel.

Waffenverkäufe an den Irak, Stellungnahme des Bereiches KoKo, 2. September 1982:

Mit Angebot des Ministers für Nationale Verteidigung für den Export spezieller Erzeugnisse wurden
- 4 taktische Startrampen Luna M
- 24 Raketen Luna M sowie
- 4 Transportladefahrzeuge 9 T 29 für Luna M bereitgestellt.

Mit dem Ministerium für Verteidigung der Republik Irak wurde dazu ein Exportvertrag im Monat Juni mit einem Valutawert von 7,4 Mio. VM [Valutamark] abgeschlossen.

Der Vertrag beinhaltet eine Klausel, die dem Käufer das Recht der Inspektion der Erzeugnisse vor Verschiffung in die DDR einräumt. Diese Inspektion fand durch eine Delegation der irakischen Streitkräfte vom 18.8. – 1.9.1982 in der DDR statt.

Die irakische Armee hat in ihrem Bestand Raketen und Startrampen vom Typ Luna M, die durch die Sowjetunion geliefert wurden.

Bei der Inspektion wurde durch die irakischen Offiziere festgestellt, dass die Ausführung sowohl der Startrampe (Länge der Abschußschiene) als auch der Starteinrichtung (Anzahl der Steuerkabel) Unterschiede gegenüber den durch die Sowjetunion an den Irak gelieferten Geräten aufweisen.

Es wird angenommen, dass die UdSSR an Entwicklungsländer Raketen dieses Typs in veränderter Ausführung, nur geeignet für Splittersppreng-Sprengköpfe liefert.

Die an die DDR gelieferte Ausführung ist auch für andere Arten von Sprengköpfen (Kern-Sprengköpfe, chemische Sprengköpfe) geeignet.

Vom Minister für Nationale Verteidigung wurde zu diesem Tatbestand eine Information ausgearbeitet und dem Generalsekretär des ZK der SED und Vorsitzenden des Staatsrates vorgelegt. Eine Entscheidung über die Durchführung dieses Exports soll am 7.9.1982 getroffen werden.

Standpunkt:

Auf der Grundlage des Angebots des Ministers für Nationale Verteidigung wurden Vertragsverhandlungen geführt und der Exportvertrag abgeschlossen.

Die irakische Seite hat das vereinbarte Akkreditiv zur Zahlung bei der Deutschen Außenhandelsbank Berlin eröffnet. Die Nichtrealisierung des Vertrages durch die DDR führt zu einem eindeutigen Vertragsbruch und zur Verärgerung des Partners. Mit einem Einspruch auf politischer Ebene muss gerechnet werden.

Mit dem Partner bestehen gegenwärtig Verträge in Höhe von rund 50,0 Mio. VM zur Erfüllung der Sonderaufgabe und für über 100,0 Mio. VM im Rahmen des normalen Planexports militärischer Erzeugnisse.

In: Bericht des 1. Untersuchungsausschusses des 12. Deutschen Bundestages: Der Bereich Kommerzielle Koordinierung und Alexander Schalck-Golodkowski. Werkzeuge des SED-Regimes. Bonn 1994, Anlagenband 2, S. 1272f.

Insgesamt wurden im Rahmen dieser deutsch-deutschen Vereinbarungen 33 755 politische Gefangene in die Bundesrepublik entlassen, 2 000 Kinder, die durch den Mauerbau getrennt worden waren, ihren Eltern übergeben und 250 000 andere Übersiedlungen organisiert. Dafür erhielt die DDR Waren und Devisen im Gesamtwert von rund 3,5 Milliarden DM.

Briefkastenobservation zur Postkontrolle
Quelle: BStU

Kapitel 7 *Der entfaltete Apparat*

Hatte die „verdächtige" Person Briefe in den Kasten eingeworfen, konnte das MfS umgehend eine „Sonderkastenleerung" durchführen, um sie in die Hände zu bekommen.
Quelle: BStU, Außenstelle Halle, AOP 3486/84, Bd.8, Bl. 133

```
Abteilung XX                              Halle, den 25.11.1976

                                                     BStU
                                                    000133

                          Aktenvermerk
                          ------------

- Mitteilung des Gen. H____, Abt.VIII

Bei der Beobachtung am 25.11.1976 wurde festgestellt,
daß "Schreiber" nach scharfer Eigenkontrolle gegen 19.20 Uhr
in der Reilstraße einen Brief in einen Briefkasten einwarf.

Maßnahmen:

- Gen. Oberstleutnant G____ und Major M____ informiert
- Maßnahmen in Zusammenwirkung mit Abt. M zur Sicherstellung
  des Briefes eingeleitet.
```

Abhörtechnik: „Wanzen"

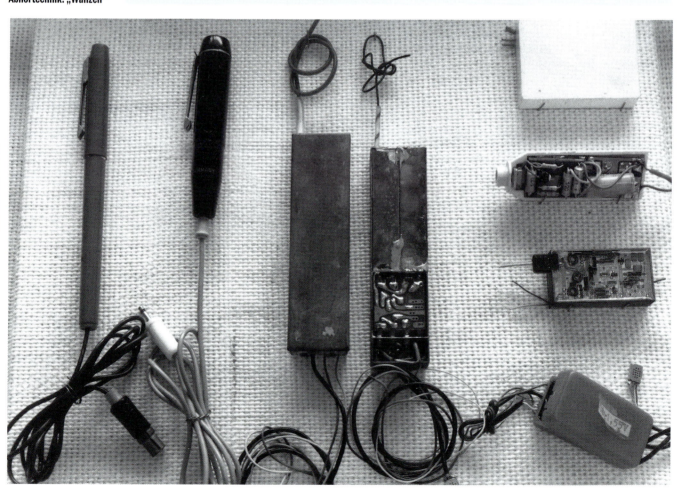

Bezirksverwaltung Halle   Halle, 15. Dezember 1978
NSAG "Famos"

272

A k t e n v e r m e r k
zur operativen Maßnahme im Bereich der KD Oschatz zum tatver-
dächtigen F........... , ... und dessen Ehefrau

Durch M-Kontrolle wurde ein Besuch des F..... durch seine
Ehefrau für den 9.12.1978 bekannt.

Die F. beabsichtigt, im Hotel "Weißes Roß" vom 9.-1o.12.1978
zu übernachten. Dieser Umstand wurde operativ genutzt, um aus
evtl. Unterhaltungen während des Aufenthaltes des F..... im
Hotel Hinweise über Tatbeteiligung, Verbindungen u.a. operativ
bedeutsame Informationen zu erhalten.
Zu diesem Zweck erfolgte die Bestätigung der Maßnahme "B" durch
den Stellv. Operativ Gen. Oberst W..... und ihr Einsatz im Hotelzimmer 29. Der Stützpunkt wurde im Nebenzimmer, Nr. 3o., eingerichtet.
Der Einbau erfolgte bereits am 8.12.1978. Für diese Nacht waren
beide Zimmer gemietet, während das Zimmer Nr. 29 für den Ein-
zug der F. am 9.12.1978 wieder freigemacht wurde.
Die gesamte Maßnahme wurde im Zusammenwirken mit dem Leiter
der KD Oschatz und zuständigen MA der HA I NIR Oschatz abgesichert. Die Konspiration und Geheimhaltung war jederzeit gewährleistet.
Der Aufenthalt des F. bei seiner Ehefrau erfolgte in der Zeit
zwischen 15.oo - 22.3o Uhr, für diese Zeit hatte der F. Aus-
gang.
Die Aufzeichnungen der Gespräche waren teilweise durch laute
Musik eines von der F. mitgeführten Kofferradios beeinträchtigt.

Insgesamt kann eingeschätzt werden, daß direkte Hinweise auf
stattgefundene Aktivitäten nicht geführt wurden. Es wurden
Hinweise in der Art gesichert, die die Einstellung des F.
zur NVA, einigen Vorgesetzten, Regimentfragen, Verbindungen in
Halle und die familiäre Situation charakterisieren.
Zwingendere Reaktionen bei Wiederholung der Maßnahme müßten durch
eine operative Kombination zur F. geschaffen werden.

Die Durchführung der Maßnahme erfolgte durch Oltn. H....., Oltn.
K..... (26), Major S..... (26) mit Unterzeichnetem.
Eine Auswertung mit der HA I NIR Oschatz erfolgt am 18.12.1978.

Major

Bericht über eine Abhöraktion:
Ein Wehrpflichtiger wurde verdächtigt, in seinem Heimatort mit anderen Jugendlichen Flugblätter verteilt zu haben. Das MfS las nicht nur seine Post (M-Kontrolle), es hörte auch mit, wenn der Soldat sich mit seiner Frau im Hotelzimmer traf (Maßnahme B)
Quelle: BStU, Außenstelle Halle, AOP 3106/80, Bd.2, Bl.272

**Beobachtungsbericht zum Operativen Vorgang „Revisor": Die Wohnung von „Revisor" wurde heimlich nach Beweismitteln durchsucht. Einen Tag nach der Wohnungsdurchsuchung nahm das MfS „Revisor" fest.
Quelle: BStU, ZA, AOP 2687/85, Bl. 216, 220, 222**

Hauptabteilung II/1/T   Berlin, 5. 1. 1984
                          meth- ol

Bericht
über die durchgeführte konspirative Wohnungsdurchsuchung zum Vorg. "Revisor" am 5. 1. 1984 in Berlin

Am 5. 1. 1984 wurde in der Zeit von 9.10 bis 12.40 Uhr entsprechend einem vom Leiter der HA II/13 bestätigten Sicherungsplan die Wohnung des Bürgers der DDR ▓▓▓▓▓▓▓
         nachstehend als "Revisor" bezeichnet

durch die Mitarbeiter der HA II/1, Major M▓▓▓ und Oberleutnant M▓▓ nach vorgegebenen operativen Schwerpunkten konspirativ durchsucht.
Die Absicherung des "Revisor" sowie seiner Nachbarn erfolgte durch Mitarbeiter der HA II/13 und HA II/17. Der Schließprozeß wurde durch den Genossen Oberleutnant M▓▓, HA II/16, realisiert.

Nachdem am 5. 1. 1984 um 9.10 Uhr "Revisor" sowie seine Nachbarn unter Kontrolle waren, begaben sich die Genossen Oberleutnant M▓▓ und Oberleutnant M▓▓ in das Wohnhaus von "Revisor". Genosse Oberleutnant M▓▓ öffnete mittels Sperrzeug das Buntbartschloß in der Korridortür von "Revisor", wobei er durch den Genossen Oberleutnant M▓▓ abgesichert wurde.
Da das obere Sicherheitsschloß nicht verschlossen war, verlief der Schließprozeß schnell und ohne Komplikationen.
Beide Genossen betraten unter Beachtung aller Vorsichtsmaßnahmen die Wohnung von "Revisor" und stellten zum Unterzeichneten die Sprechfunkverbindung her. Daraufhin suchte der Genosse Unterleutnant G▓▓, HA II/16 und Unterzeichneter ebenfalls die Wohnung von "Revisor" auf.
Genosse Unterleutnant G▓▓ begann mit der Installierung der B-Maßnahme und Genosse Oberleutnant M▓▓ sicherte die Korridortür von innen ab.
Genosse Oberleutnant M▓▓ und Unterzeichneter begannen mit der konspirativen Durchsuchung.
Nachdem alle Räume, Schränke und Behältnisse einer gründlichen Kontrolle unterzogen werden konnten, wurde die Wohnung von "Revisor" nach gründlicher Prüfung, ob keine Spuren hinterlassen wurden, unter Absicherung der Sicherungskräfte gegen 12.40 Uhr durch die Einsatzgruppe wieder konspirativ verlassen.

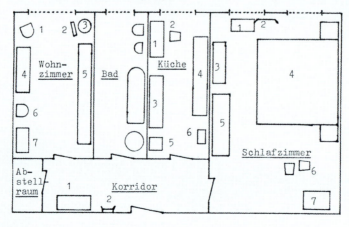

gefertigt am 05.01.84
HA II/1/T

Kapitel 7 Der entfaltete Apparat

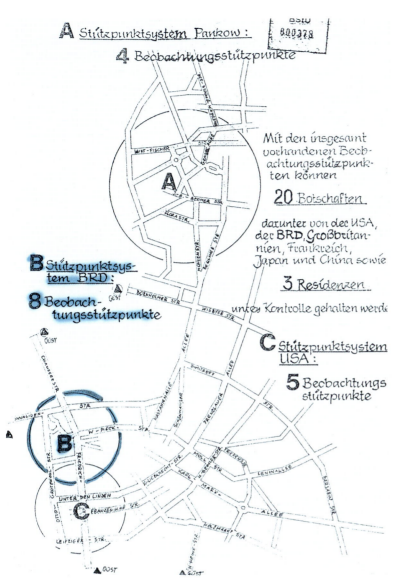

Beobachtungsstützpunkte der Staatssicherheit in Ost-Berlin zur Observierung der ausländischen Vertretungen.
Die Ständige Vertretung der Bundesrepublik Deutschland in der Hannoverschen Straße wurde von acht Stützpunkten aus beobachtet, die zum Teil in Wohnungen untergebracht waren
Quelle: BStU, ZA, HA VIII AKG 1729/1, Bl. 387

Der SPD-Politiker Hans-Jochen Vogel, fotografiert vor der Ständigen Vertretung der Bundesrepublik Deutschland in Ost-Berlin

Die wichtigste Informationsquelle des MfS waren die inoffiziellen Mitarbeiter, doch daneben stand der Staatssicherheit das komplette geheimdienstliche und kriminalistische Instrumentarium zur Verfügung. Die Abteilung M und ihre territorialen Ableger kontrollierten Post- und Paketsendungen. In den Hauptpostämtern der DDR hatten sie eigene Räume, in denen MfS-Mitarbeiter (in diesem Falle meist Mitarbeiterinnen) die ein- und ausgehende Post in Stichproben und gezielt kontrollierten. Für akustische und optische Überwachungsmaßnahmen aller Art war die Abteilung 26 zuständig. Hierunter fielen Telefonüberwachung und die Kontrolle von Räumen mittels „Wanzen" und Kameras. Allein in Ost-Berlin konnten 1989 gleichzeitig 20 000 Telefone abgehört werden. Die Beschattung sowie gegebenenfalls Festnahme von Personen fielen in den Aufgabenbereich der Hauptabteilung VIII. Mit diesen verschiedenen Methoden konnten Personen unter „Rundum-Kontrolle" gestellt werden.

Die technischen Geräte und ähnliches lieferten der Operativ-technische Sektor (OTS) und die Abteilung Bewaffnung/Chemischer Dienst (BCD). Eine eher auf äußere Aufgaben zielende Querschnittsdiensteinheit war die Hauptabteilung III, die den Funkverkehr in der DDR zu kontrollieren hatte, zugleich aber mit erheblichem Aufwand die Telefon-Richtfunkstrecken zwischen West-Berlin und der Bundesrepublik sowie zum Beispiel Gespräche von Funktelefonen im Raum Bonn abhörte. 30 000 bis 40 000 Telefonanschlüsse sollen im Westen ständig überwacht worden sein.

Wichtige Stützpunkte der MfS-Hauptabteilung III zum Abhören der Richtfunkstrecken der Deutschen Bundespost und des Funk- und Autotelefonverkehrs

Quelle: Andreas Schmidt: „Aufklärung" des Funkverkehrs und der Telefongespräche in Westdeutschland – die Hauptabteilung III, in: Hubertus Knabe u.a.: West-Arbeit des MfS. Das Zusammenspiel von „Aufklärung" und „Abwehr" Berlin 1999, (Ch. Links Verlag), S. 218–223

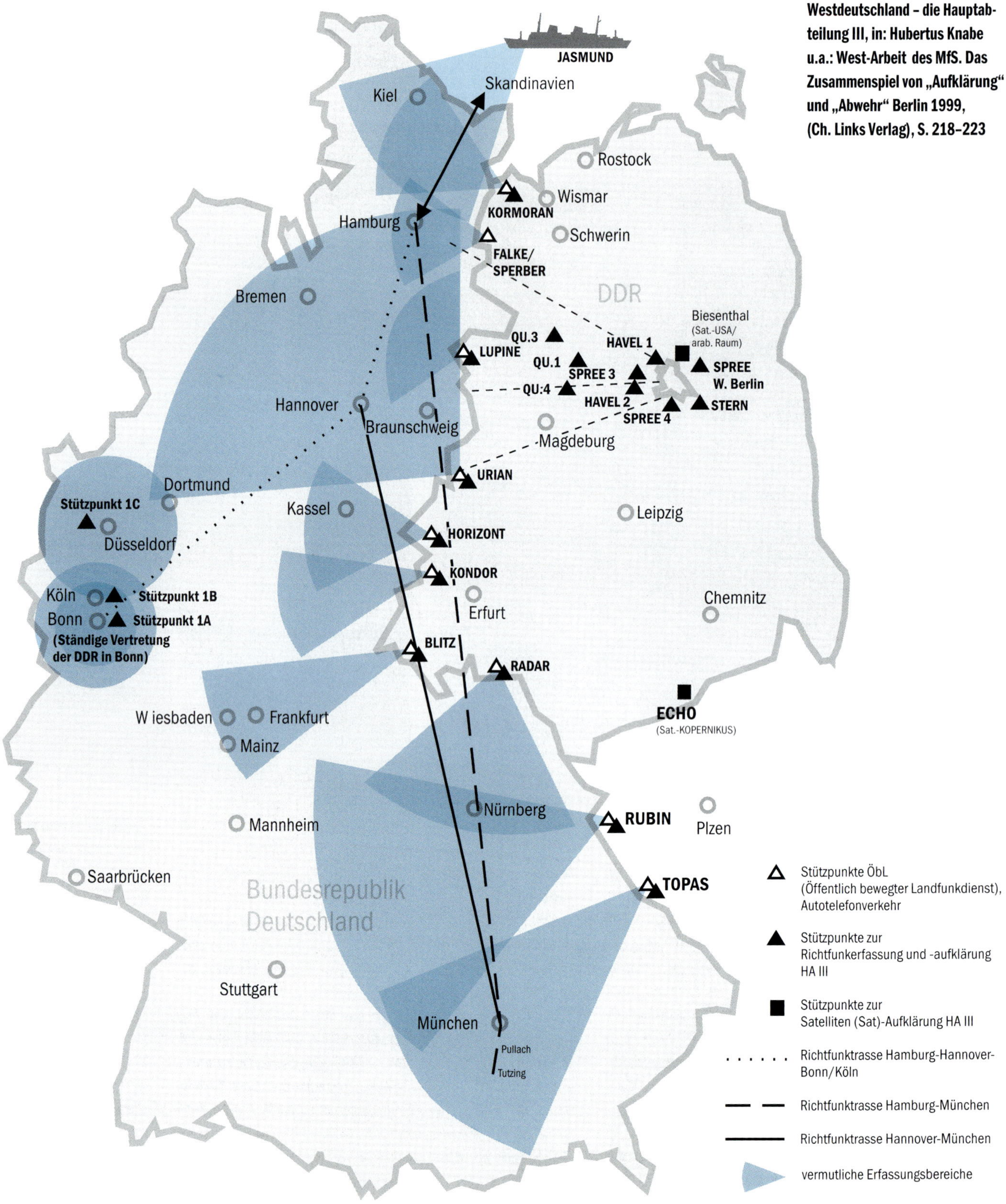

JASMUND

Skandinavien

Kiel

Rostock

Wismar

KORMORAN

Hamburg

Schwerin

FALKE/SPERBER

DDR

Bremen

Biesenthal (Sat.-USA/arab. Raum)

QU.3

LUPINE

HAVEL 1

QU.1

SPREE 3

SPREE W. Berlin

Hannover

QU:4

HAVEL 2

STERN

Braunschweig

SPREE 4

Magdeburg

URIAN

Dortmund

Stützpunkt 1C

Kassel

HORIZONT

Leipzig

Düsseldorf

KONDOR

Köln

Stützpunkt 1B

Erfurt

Chemnitz

Bonn

Stützpunkt 1A

(Ständige Vertretung der DDR in Bonn)

BLITZ

RADAR

ECHO
(Sat.-KOPERNIKUS)

Wiesbaden

Frankfurt

Mainz

Mannheim

Nürnberg

RUBIN

Plzen

Saarbrücken

Bundesrepublik Deutschland

TOPAS

△ Stützpunkte ÖbL (Öffentlich bewegter Landfunkdienst), Autotelefonverkehr

▲ Stützpunkte zur Richtfunkerfassung und -aufklärung HA III

■ Stützpunkte zur Satelliten (Sat)-Aufklärung HA III

······ Richtfunktrasse Hamburg-Hannover-Bonn/Köln

– – – Richtfunktrasse Hamburg-München

——— Richtfunktrasse Hannover-München

vermutliche Erfassungsbereiche

Stuttgart

München

Pullach

Tutzing

Kapitel 7 Der entfaltete Apparat

1 – Kameratarnung „Kühlaggregat"
2 – Kameratarnung „Luftschlitz" (rechts und links vorhanden)
3 – Einseitige Lichtschranke „Türhalter"
4 – Außenmikrofone (rechts und links je 2 mal)

Als Kühltransporter getarnt: Der variable Beobachtungsstützpunkt „Schwalbe" mit Arbeitsplatz

Motorradhelm mit eingebauter Kamera

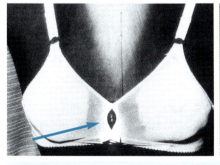
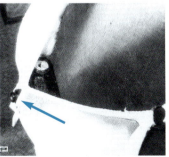

„Neuerervorschlag" zu Ehren des XI. Parteitags der SED: Das MfS war jederzeit bestrebt seine Observationstechnik weiterzuentwickeln. Aber auch Neuentwicklungen versteckter Fotoapparate und anderer technischer Geräte für den operativen Einsatz wurden vorgeschlagen.
Kameraobjektiv (Pfeil)
Quelle: BStU, Außenstelle Suhl, Abt. VIII/01, Bd.7, Bl. 1–3, 7, 8

Auch in den siebziger und achtziger Jahren beschränkte sich die Staatssicherheit nicht auf solche Überwachungsmethoden, sondern verhaftete Bürger, wenn ihr dies notwendig erschien und sie genug „Beweise" gesammelt hatte. Dann trat die Hauptabteilung IX in Aktion, das so genannte „Untersuchungsorgan" des MfS, welches durch die Strafprozessordnung der DDR wie die Polizei mit Exekutivbefugnissen in der Strafverfolgung ausgestattet war (§ 88 StPO von 1968). Die dort durchgeführten Ermittlungsverfahren betrafen meist Straftatbestände der politischen Gummiparagrafen wie „staatsfeindliche Hetze" (§ 106 StGB), „Beeinträchtigung staatlicher Tätigkeit" (§ 214), „ungesetzliche Verbindungsaufnahme" (§ 219). Aber das MfS nahm der Volkspolizei Verfahren auch dann aus den Händen, wenn sie aus anderen Gründen „politisch-operativ" relevant waren, beispielsweise wenn hauptamtliche oder inoffizielle Mitarbeiter darin verwickelt waren. Physische Gewalt wendeten die Vernehmer und Wachleute nur noch selten an, doch setzten sie das ganze Spektrum der „weißen Folter", also psychischen Drucks, ein, um die Verhörten zu Aussagen bzw. Geständnissen der ihnen vorgeworfenen Verbrechen zu bewegen.

Untersuchungshaftanstalt (UHA) der Staatssicherheit in Rostock mit Freigangkäfigen

Im Zuge der Anklageerhebung und Gerichtsverfahren hatte das Untersuchungsorgan des MfS eine Bedeutung, die über seine formale Stellung weit hinausreichte. So führte die Staatssicherheit in politischen Prozessen faktisch die Regie bis zur Urteilsfindung, in prominenten Fällen holte sie beim

Erinnerungen an Vernehmungen, 1971 und 1975:

Ich sehe noch heute das lauernde Gesicht, das verachtende Lächeln, die gierigen Augen, höre die unangenehme „Adamo"-Stimme, wie sie mir, ungefähr in diesem Wortlaut, mitteilte:

„Wir haben die Macht, die unbeschränkte Macht hier, das ist ihnen, Frau Jablonski doch klar. Wir können mit ihnen machen, was wir wollen, es gibt niemanden, der Ihnen helfen kann. Mit solchen Leuten wie Ihnen können wir noch ganz anders, wenn sie glauben, uns bei der Aufklärung von Verbrechen nicht helfen zu wollen. (...) Für uns ist es ein leichtes, Sie sterben zu lassen, da wird weder Huhn noch Hahn nach krähen. Glauben Sie ja nicht, dass die BRD sich darum schert oder irgend jemand anderes. Sie kommen in einen Barkas (...) auf dem steht Brot oder Butter oder Gemüse, auf jeden Fall eine neutrale Aufschrift. Sie kommen nirgends lebend an. Daran wird uns niemand hindern, niemand interessiert sich dafür. Sie verschwinden auf ewig. Nie in ihrem Leben werden Sie die Möglichkeit haben, über das, was Sie hier erlebt haben, zu sprechen. Sollten Sie es trotzdem tun, so überleben Sie das nicht."

Marietta Jablonski: „Verhören bis zum Geständnis". Der Operativ-Vorgang „Optima". Hrsg. LStU Sachsen-Anhalt, Magdeburg 1996, S. 61.

Der Leutnant begann mit einer kurzen Ansprache. Er eröffnete mir, dass wir in den nächsten Wochen miteinander zu tun haben würden. Er biete mir an, uns gegeneinander „wie intelligente Menschen" zu verhalten und die unangenehme Prozedur so vernünftig wie möglich hinter uns zu bringen. „Jeder versucht, mit dem Rücken an die Wand zu kommen, gewisse Dinge vor uns zu verbergen. Sie werden bald merken, dass es für uns keine Geheimnisse gibt. Sind sie damit einverstanden, dass wir uns beide hier nach den Regeln der Fairness verhalten?"

Die Frage wurde in normalem Tonfall und ohne Zynismus vorgebracht. Der Mensch musste einen noch besseren Psychologiekurs besucht haben als sein Hauptmann. (...)

Zunächst nahm sich der Leutnant viel Zeit. Immer wieder unterhielt er sich freundlich mit mir über Themen, die mit dem Fall kaum in Verbindung zu bringen waren. Von sich selbst gab er dabei so gut wie nichts preis. Fast unmerklich lenkte er dann über auf die mir zur Last gelegten „Straftaten".

Bernd Pieper: Roter Terror in Cottbus. Siebzehn Monate in Gefängnissen der DDR. Berlin 1997 (Anita Tykve Verlag), S. 43f. und 46.

Aus Schulungsmaterial
der Abt. XIV, 1985.
Quelle: BStU

3.12. Aufenthalt im Freien

- Um den Aufenthalt im Freien für die Inhaftierten zu gewährleisten, sind entsprechende Verwahrbereiche je nach baulicher Beschaffenheit des Objektes zu errichten.

- Die einzelnen Boxen sind durch Mauern (mind. 3 m hoch) voneinander abzugrenzen.

- Um Angriffe auf den Sicherungs- und Kontrollposten und Überwerfen von Kassibern/Gegenständen vorbeugend verhindern zu können, sind sie mit Maschendraht abzudecken.

- Eine teilweise Überdachung der Verwahrboxen (sollte 25 % nicht überschreiten) ist unter Berücksichtigung der Einsichtmöglichkeiten durch den Sicherungs- und Kontrollposten möglich und dient vor allem der Gewährleistung des Aufenthaltes im Freien bei regnerischem Wetter.

- Durch geeignetes Mauerwerk (Spitzputz) sind die Möglichkeiten der Nachrichtenübermittlung bzw. Kassiberhinterlegung u.a. einzudämmen.

- Vom Innenraum der Verwahrboxen dürfen die Inhaftierten keine Sichtmöglichkeiten in Diensträume oder in andere Teile des Objektes bzw. angrenzende Bauwerke haben. Gleiches gilt auch für die Bewohner anliegender Häuser. Vorhandene Einsichtmöglichkeiten sind durch das Anbringen von Sichtblenden zu unterbinden.

- Auch für die Verhinderung einer akustischen Informationsübermittlung sind geeignete Maßnahmen zu ergreifen.

- Der Laufsteg ist so anzulegen, daß der Sicherungs- und Kontrollposten alle Inhaftierten unter Kontrolle halten kann, wobei die gesamte Box eingesehen werden muß.

- Die Türen zu den Verwahrboxen müssen mit Riegel, Schlösser und Sichtfenster ausgerüstet sein.

- Auslösungsmöglichkeiten für die zentrale Alarmanlage sollten sowohl vom Laufsteg als auch in unmittelbarer Nähe der Türen zu den Verwahrboxen gegeben sein.
Hierzu ist entsprechendes Installationsmaterial zu verwenden, das die sichere Funktionstüchtigkeit der Alarmanlage bei jeder Witterung garantiert.

- Der Einsatz der FBA zur Überwachung des Aufenthaltes im Freien ist zu prüfen.

Staats- und Parteichef Honecker einen „Vorschlag" für das Strafmaß ein. Das MfS behielt sich das Recht vor, Teile der Ermittlungsakten, die „inoffiziell" gewonnene Informationen enthielt, unter Verschluss zu halten. Die für politische Verfahren zuständigen Staatsanwaltschaften und Gerichte standen unter kaderpolitischer Kontrolle des MfS, sie waren mit inoffiziellen Mitarbeitern und in wichtigen Positionen mit Offizieren im besonderen Einsatz durchsetzt und pflegten intensive persönliche Kontakte mit den Untersuchungsführern des MfS. Nicht zuletzt arbeitete die Staatssicherheit in manchen Fällen mit den Verteidigern zusammen.

Die Häftlinge saßen während des Ermittlungsverfahrens in den Untersuchungshaftanstalten der Linie XIV ein. Sie waren dort verschiedenen Drangsalierungen ausgesetzt, die Zellen konnten abgehört werden, außerdem setzte das MfS Mithäftlinge als „Zelleninformatoren" ein. Sie sollten die Gefangenen gegen Vergünstigungen ausspionieren. Während verurteilte politische Häftlinge üblicherweise ihre Strafe in anderen DDR-Haftanstalten verbüßten, behielt sie die Staatssicherheit in besonderen Fällen (z. B. fahnenflüchtige MfS-Mitarbeiter) in ihren Untersuchungshaftanstalten, wo sie zum Teil als so genannte Nummernhäftlinge inhaftiert waren.

Von 1950 bis 1989 führte die Linie IX über 90 000 Ermittlungsverfahren durch. Die Zahl der Verfahren pro Jahr sank von durchschnittlich rund 3 200 in den fünfziger Jahren auf 1 700 in den siebziger Jahren. Die Kriminalisierung ausreisewilliger DDR-Bürger führte in den achtziger Jahren zu einem erneuten Anstieg auf durchschnittlich über 2 500 Verfahren pro Jahr. Trotz der Tendenz, Verhaftungen und Strafverfahren aus Imagegründen zu vermeiden und durch konspirative Mittel zu ersetzen, blieb die Verfolgung von politischen Gegnern in Strafverfahren ein zentrales Element der SED-Herrschaftspraxis. Nach vorläufigen Schätzungen sind 1945 bis 1989 in der SBZ/DDR bis zu 280 000 Menschen aus politischen Gründen zu Haftstrafen verurteilt worden.▌2

▌2 Wilhelm Heinz Schröder/ Jürgen Wilke: Politische Gefangene in der DDR. Eine quantitative Analyse. In: Materialien der Enquetekommission „Überwindung der Folgen der SED-Diktatur im Prozess der deutschen Einheit". Baden-Baden/ Frankfurt(Main) 1999, Band VI, S. 1080–1292.

Gerichtsverfahren mit MfS-Beteiligung 1978

- 1 766 Personen kamen in MfS-Verfahren vor Gericht
- 1 653 Verurteilungen, meist zu mehrjährigen Haftstrafen, u.a.:
  - 627 (versuchter) „ungesetzlicher Grenzübertritt" (Republikflucht)
  - 221 „Straftaten gegen die staatliche und öffentliche Ordnung"
  - 206 „staatsfeindliche Verbindungen"
  - 151 „Staatsfeindliche Hetze"
  - 103 „staatsfeindlicher Menschenhandel" (Fluchthilfe)
  - 22 Spionage im Auftrag westlicher Geheimdienste
  - 8 Sabotage
  - 4 „Verbrechen gegen die Menschlichkeit" (z.B. NS-Täter, Kriegsverbrecher)
- 107 Verfahren eingestellt
- 2 Freisprüche

Zusammengestellt nach Clemens Vollnhals: Der Schein der Normalität. Staatssicherheit und Justiz in der Ära Honecker, in: Siegfried Suckut/Walter Süß (Hrsg.): Staatspartei und Staatssicherheit. Zum Verhältnis von SED und MfS. Berlin 1997 (Ch. Links Verlag), S. 213–247, hier 219f.

Robert Havemann (1910–1982). Seine systemkritischen Vorlesungen „Dialektik ohne Dogma" erschienen 1964 im Westen

Neben der Verfolgung hatte die Staatssicherheit den Auftrag, die SED-Parteiführung in Ost-Berlin sowie die örtlichen Parteileitungen über oppositionelle Bestrebungen und Stimmungen in der Bevölkerung zu unterrichten. Dafür verfügte sie in allen Zweigen des Apparates über Auswertungs- und Kontrollgruppen, deren Berichte in der Zentralen Auswertungs- und Informationsgruppe (ZAIG)

Vorschlag der MfS-Hauptabteilung IX zur Durchführung der gerichtlichen Hauptverhandlung gegen Robert Havemann vor dem Kreisgericht Fürstenwalde

Es wird vorgeschlagen, die nach der am 25.5.1979 erfolgten Einlegung des Einspruches Robert Havemanns gegen den erlassenen Strafbefehl gemäß § 274 StPO erforderliche Hauptverhandlung vor dem Kreisgericht Fürstenwalde am 14.6.1979 gerichtsüblich durchzuführen.

Im Rahmen der Vorbereitung und Durchführung der Hauptverhandlung ist vorgesehen:

1. Robert Havemann wird am 6.6.1979 auf dem Postwege die Ladung zur Hauptverhandlung übersandt, so dass sie ihm am 7.6.1979 mit Zustellungsurkunde zugestellt wird.

2. Die Hauptverhandlung beginnt am 14.6.1979 um 8.00 Uhr und wird in einem 10 bis 12 Zuhörer fassenden Verhandlungsraum durchgeführt. Mit Beginn der Dienstzeit im Kreisgericht um 7.30 Uhr werden die Plätze des Raumes durch Mitarbeiter des MfS eingenommen. Die Einlaßkontrolle erfolgt durch den Sekretär des Kreisgerichtes. Ein Angehöriger des VPKA Fürstenwalde steht in Bereitschaft, um erforderlichenfalls hinzugezogen zu werden.

Personen, die an der Hauptverhandlung teilnehmen wollen, werden mit Ausnahme der Ehefrau und des Arztes Havemanns mit der Begründung unzureichenden Platzes abgewiesen.

In der DDR akkreditierten Korrespondenten ausländischer Publikationsorgane wird unter Hinweis auf das Nichtvorliegen einer Genehmigung für ein entsprechendes journalistisches Vorhaben der Zutritt zum Gebäude verwehrt.

3. Für die Dauer der Durchführung der Hauptverhandlung, beginnend am 14.6.1979 um 6.00 Uhr wird das Gebäude des Kreisgerichtes durch Kräfte der BVfS Frankfurt/Oder und des VPKA Fürstenwalde abgesichert. (...)

4. Die Strafkammer des Kreisgerichtes Fürstenwalde führt die Hauptverhandlung als Schöffenverhandlung unter Vorsitz des Direktors, Genossen Hauke, in Anwesenheit des Staatsanwaltes des Kreises Fürstenwalde, Genossen Pilz, durch. Zu Beginn der Hauptverhandlung erfolgt durch den Vorsitzenden eine Darlegung des vorangegangenen Geschehens (Aussprache und Verkündung des Strafbefehls, Gründe für dessen Erlass und Einspruch Havemanns). Anschließend wird die auf die Sache konzentrierte Beweisaufnahme vorgenommen, wobei aufgrund des bisherigen Verhaltens Havemanns zu erwarten ist, dass ihm die begangenen Devisenstraftaten auf der Grundlage der Sachbeweise nachgewiesen werden müssen, ohne dass er selbst geständig ist. (...)

Im Ergebnis der Beweisaufnahme wird der Staatsanwalt seinen auf eine Geldstrafe in Höhe von 10 000 Mark gerichteten Strafantrag aufrechterhalten.

Sollte Havemann im Verlaufe der Beweisaufnahme oder des ihm zustehenden letzten Wortes feindlich-provokative, nicht den Gegenstand des Strafverfahrens betreffende Äußerungen machen, wird er vom Vorsitzenden verwarnt und ihm bei Fortsetzung seines Verhaltens das Wort entzogen. Legt Havemann gegen das Urteil innerhalb der Berufungsfrist von einer Woche Berufung ein, erfolgt ca. 14 Tage später deren Verwerfung durch Beschluss des Bezirksgerichtes Frankfurt/Oder, wonach das Urteil rechtskräftig wird. (...)

Der vorliegende Vorschlag ist mit dem Generalstaatsanwalt, dem Obersten Gericht und dem Ministerium für Justiz abgestimmt.

In: Clemens Vollnhals: Der Fall Havemann.
Ein Lehrstück politischer Justiz. Berlin 1998
(Ch. Links Verlag), S. 239–241.

---

zusammenliefen. So mussten etwa die Kreisdienststellenleiter regelmäßig, meist wöchentlich, dem 1. Sekretär der SED-Kreisleitung Bericht erstatten. Die Parteiführung um Erich Honecker erhielt zum Beispiel 1988 rund 300 Einzelberichte der ZAIG über Ereignisse, Stimmungen und Entwicklungen im Lande: Reisestatistiken, Privatbesuche von westdeutschen Politikern in der DDR, Effizienzsteigerungen in der Industrie, Treffen von oppositionellen Gruppen, aufsässige Künstler, „rowdyhafte" Jugendliche, Deviseneinnahmen aus dem Mindestumtausch, geplante Aktionen von Ausreisewilligen, Interna aus den Evangelischen Kirchenleitungen. Möglicherweise ebenso viele Informationen erfolgten aus der Auslandsspionage. Das MfS hatte also die Chance, ganz wesentlich zum Informationsstand der Entscheidungsträger in der DDR beizutragen. Die Berichte schilderten zwar tatsächlich Fakten und Ereignisse relativ breit und präzise, enthielten sich aber weitgehend der Ursachenanalyse. Letztlich setzte sich in ihnen das Feindbild durch, das den Grund für Missstimmungen und Unruhe stets im Einfluss des „imperialistischen" Westens suchte.

MINISTERIUM FÜR STAATSSICHERHEIT

Bezirksverwaltung Rostock

Streng vertraulich!
Um Rückgabe wird gebeten!

Rostock, 25. April 1988

Nr. 52/88

2. Blatt
1. Exemplar

hr. Luck z.K.

INFORMATION
über

Gerüchte zu angeblich unmittelbar bevorstehenden Preissteigerungen

Unter der Bevölkerung des Bezirkes Rostock kursieren seit
mehreren Tagen spekulative Gerüchte über eine angeblich
unmittelbar bevorstehende Preiserhöhung.

Aus sicherer Quelle sei bekannt geworden, daß ab Mai 1988
Schuhe um 50 bis 100 %, andere Lederwaren und Sekt sowie
Baumaterialien um bis zu 300 % teurer werden.

Diese Gerüchte führten durch einen Teil der Bevölkerung zum
verstärkten Abkauf von Schuhen und Sekt.

Die Nachfrage nach diesen Artikeln, insbesondere nach Schuhen,
ist sprunghaft angestiegen. Im Kaufhaus "Magnet" in Rostock -
Lütten Klein warteten mehrere Kunden länger als zwei Stunden
vor dem Wareneingang und dem Verkaufsbeginn, um unbedingt
Schuhe kaufen zu können.

Am 24. April 1988 warteten ca. 100 Personen vor dem Centrum-
Warenhaus Rostock auf die Eröffnung des Kaufhauses. Nach dem
Einlaß begaben sie sich fast ohne Ausnahme in die Schuhabteilung
in der Hoffnung, Schuhe kaufen zu können. Nachdem sie festgestellt hatten, daß seit dem Vortag keine Waren eingegangen waren,
verließen sie die Schuhabteilung.

Arbeiter und Arbeiterinnen des Betriebsteiles Warnemünde des
VEB Fischfang Saßnitz behaupteten, daß die Großhandelsbetriebe
in den letzten Wochen und Monaten insbesondere Schuhe zurück-
halten, da sie ab Mai 1988 zu einem höheren Preis verkauft
werden sollen.

Arbeiter und Genossenschaftsbauern aus Kröpelin und Umgebung
äußerten, es sei enttäuschend, wenn die Verteuerung bestimmter
Waren "auch diesmal" wieder wie ein scheinbar normaler Prozeß
ohne jede Erklärung in den Medien durchgesetzt werden würde.

Unter Pädagogen der Betriebsschule des VEB Datenverarbeitungs-
zentrum Rostock wird diskutiert, daß es in Magdeburg im Zusammenhang mit den angeblich bevorstehenden Preissteigerungen bei
bestimmten Erzeugnissen Unruhen gegeben haben soll. Aufgebrachte
Frauen hätten Schuhverkaufsstellen "gestürmt" und Regale in
diesen Geschäften umgestürzt, weil auf der Leipziger Frühjahrs-
messe 1988 ausgestellte Schuhe in diesen Geschäften für 500,-- Mark
angeboten worden sein sollen.

Die an der Diskussion beteiligten sechs Kollegen der Betriebsschule identifizierten sich mit dieser "Aktion der Magdeburger".

Mittag
Generalmajor

**Quelle: BStU, Außenstelle
Rostock, AKG 282, Partei-
information Nr.52/88**

Das MfS war also durch sein inoffizielles Netz, seine Kooperation mit anderen Stellen und seine
Überwachungstechniken potenziell vorzüglich informiert, doch behinderten der Zwang zu Erfolgsmeldungen und die ideologische Disziplinierung
der beteiligten Mitarbeiter eine wirksame Funktion
als „Ersatzöffentlichkeit". Lieferte das MfS trotzdem Negativmeldungen an die Politbürokratie,
dann stieß es nicht selten auf Ignoranz. So gab SED-
Generalsekretär Erich Honecker im Rückblick zu
Protokoll: „Ich selbst habe den Berichten wenig Beachtung geschenkt, weil all das, was dort drin stand,
man auch aus den Berichten westlicher Medien gewinnen konnte."[3]

Neben diesen wichtigsten „Fach"- und Quer-
schnittslinien verfügte das MfS über eine Reihe
weiterer operativer und operativ-technischer
Diensteinheiten, beispielsweise für die Regierungs-
nachrichtenverbindungen. Dahinter hatte sich im
Laufe der siebziger Jahre ein „rückwärtiger" Apparat herausgebildet, der erheblich zu dem immensen
Volumen beitrug. Allein die Hauptabteilung Kader
und Schulung hat ihren Umfang von 1968 bis 1982
verfünffacht.

Auch in den siebziger und achtziger Jahren gehörte die Vorbereitung auf den Verteidigungs- bzw.
Spannungsfall zu den Aufgaben des MfS. Die „Arbeitsgruppe des Ministers" (AGM) baute und unterhielt unter anderem die Schutzbunkeranlagen für
die Staats- und Parteiführung. Zur AGM gehörte
auch eine Spezialtruppe mit militärischer bzw. pa-
ramilitärischer Ausbildung, die „Zentralen Spezifi-
schen Kräfte" der AGM/S (nach ihrem Leiter Heinz
Stöcker). Die AGM/S setzte unter anderem bis 1987
gemeinsam mit der Abteilung IV, dann der Abteilung XVIII der HV A, die Aktivitäten zur Vorbereitung von Sabotageakten im „Operationsgebiet" fort,
daneben bildete sie entsprechende Kader aus Staaten der Dritten Welt aus.

Reiseagenten dieser Diensteinheiten kundschaf-
teten zum Beispiel Hochspannungsmasten aus, die
das MfS im Ernstfall sprengen wollte. In der Nähe
der Masten wurden große „tote Briefkästen", also
Depots für Zünder und Sprengstoff angelegt. Bundesbürger beschafften die nötigen Materialien und
lagerten sie ein.

Wie die geplanten Isolierungslager genutzt worden wären, ließ sich 1981 in Polen ablesen, als die
Regierung das Kriegsrecht verhängte: Dort inter-
nierten die Sicherheitsorgane eine große Zahl von
Aktivisten der unabhängigen Gewerkschaft Solidarność. Allerdings reichten die ostdeutschen Planungen des „Vorbeugekomplexes" erheblich weiter.

Kapitel 7 Der entfaltete Apparat

[3] Reinhold Andert/
Wolfgang Herzberg: Der
Sturz. Erich Honecker im
Kreuzverhör. Berlin/Weimar
1990, S. 312.

BSTU
000124

O. U., den 12. 09. 1963

R e i s e a u f t r a g

I. IM "Siegmund" - Reg.-Nr. 16 566 / 60

III. Aufgabenstellung

A. Der IM erhält den operativen Auftrag, die operative
klärung von 3 wichtigen Angriffspunkten auf die westdeutsche Hochvoltleitung durchzuführen.

1. Die mit 2 Systemen installierte 220 kV-Hochvoltleitung
vom Koepchenwerk am Hengstey-See nach Frankfurt/Main
soll östlich der Stadt Limburg a. d. L. angriffsmäßig
aufgeklärt werden (Meßtischblattbereich 5614).

2. Die mit 2 Systemen installierte 380 kV-Hochvoltleitung
von Frankfurt/Main nach Mannheim soll im Bereich der
Stadt Darmstadt angriffsmäßig aufgeklärt werden (Meß-
tischblatt 6117).
Auf der Straße von Darmstadt nach Griesheim bei Straßen-
km 3,3 kommt aus nordwestlicher Richtung eine 380 kV-
und eine 110 kV-Leitung, wobei die linke Leitung die
380 kV-Leitung sein muß. Von der angegebenen Stelle aus
ist die Leitung in nordwestlicher Richtung zu verfolgen
bis zum Winkelabspannmast an der Autobahn Frankfurt/Main
- Mannheim.

3. Die mit 2 Systemen installierte 380 kV-Hochvoltleitung
von Koblenz nach Mannheim soll bei der großen Rhein-
überspannung 5 km nördlich der Stadt Worms angriffsmäßig aufgeklärt werden (Meßtischblattbereich 6316).

Im Zusammenhang mit den geforderten operativen Ermittlungen
ist vom IM je Angriffspunkt ein Groß-TBK zur Lagerung der
operativen Technik anzulegen.
Die Anlage im Bereich des Aktionsvorschlages erfolgt nach
den in der Ausbildung geübten Richtlinien.
Über die Anlegung ist nach Rückkehr ein genauer Bericht
anzufertigen.

Es wird ersucht, den vorliegenden Reiseplan für den IM "Siegmund"
zu genehmigen.

Genehmigt:

Leiter der Abteilung IV   Referatsleiter

P u s t l o v s k y
Oberstleutnant   Major

H. 'Sachbearbeiter

Aufklärungsfoto des IM
„Siegmund" für einen
Anschlag auf die Rhein-
überspannung einer
300 kV-Hochspannungs-
leitung bei Koblenz-
Wallersheim, 1963

Reiseauftrag für IM
„Siegmund":
Der IM sollte neuralgische
Angriffspunkte verschie-
dener Hochspannungs-
leitungen in der Bundes-
republik erfassen und in
unmittelbarer Nähe einen
„Groß-TBK" (toter Brief-
kasten) anlegen. In diesen
„Groß-TBK" wurden Mate-
rialien aus westlicher Produktion eingelagert, aus
denen sich in kurzer Zeit
Zünder und Sprengstoff
herstellen ließen. Für die
Beschaffung und Einlage-
rung derartiger Grund-
stoffe sorgten vor allem
Bundesbürger, die der
Staatssicherheit als IM
dienten.
Quelle: BStU, ZA, AIM
12629/86, Teil II, Bd.1,
Bl. 273

```
        Merkblatt
    über mitzuführende Gegenstände

- Personalausweis,
- Ausweis für Arbeit und Sozialversich.,
- Mitgliedsbuch von Parteien/Org.,
- Oberbekleidung/Schuhwerk entsprechend
  der gegenwärtigen bzw. bevorstehenden
  Jahreszeit,
- Unterwäsche (mindestens 3 x),
- 3 Paar Socken/Strümpfe,
- Frauen: 1 lange Hose, 2 Kittelschürzen,
  3 Strumpfhosen, Tampons oder Zellstoff-
  binden,
- 1 Paar Turnschuhe/leichtes Schuhwerk,
- Trainingsanzug/Arbeitskleidung,
- Nachtwäsche,
- Gegenstände des persönlichen Bedarfs
  und der Hygiene, wie: Wasch-, Rasier-,
  Zahnputz-, Näh- und Schuhputzzeug, Eß-
  besteck, Taschen- und Handtücher,
- 2 Decken,
- Medikamente nach ärztl. Verordnung,
- Verpflegung für 1 Tag.
```

Ende 1988 waren in der DDR mindestens 17 Isolierungslager vorgesehen. Internat und Jugendherberge Schloss „Seeburg" bei Halle/Saale wären in einer Spannungssituation in ein Isolierungslager umfunktioniert worden

(Merkblatt, oben rechts)
Quelle: BStU, Außenstelle Halle, KD Querfurt, Sachakte 1, Bl. 33

Grundsätze der MfS-Einsatzgruppen, 1981:

Zur Gewährleistung der staatlichen Sicherheit der Deutschen Demokratischen Republik und zur Erfüllung der dem Ministerium für Staatssicherheit übertragenen Aufgaben haben Einsatzgruppen des MfS jederzeit bereit zu sein, um unter allen Bedingungen der Lage
– unter relativ normalen, friedlichen Bedingungen als auch im Falle bewaffneter Auseinandersetzungen
– aktive Aktionen gegen den Feind und sein Hinterland erfolgreich durchführen zu können.
Die Einsatzgruppen oder Einzelkämpfer haben auf Befehl
– gegen politische, wirtschaftliche und militärische Schwerpunktobjekte – insbesondere neuralgische Punkte – einschließlich Personen
– erfolgreiche Aktionen zu führen, die geeignet sind, seine Kriegsvorbereitungen zu behindern, den Vorbereitungs- und Umstellungsprozess auf den Krieg gezielt zu stören oder im Falle bewaffneter Auseinandersetzungen seine Kampfkraft zu beeinträchtigen. (...)

2. Hauptaufgaben der Einsatzgruppen (...)
2.3. Unter relativ friedlichen Verhältnissen
   Durchführung befohlener spezifischer Einzelaufgaben;
– Liquidierung oder Beibringung von Verrätern;
– Liquidierung bzw. Ausschaltung führender Personen von Terrororganisationen, deren Tätigkeit gegen die staatliche Sicherheit der DDR gerichtet ist;
– Verunsicherung von führenden Personen der Zentren der politisch-ideologischen Diversion durch Störung bzw. Behinderung ihres Arbeitsablaufes sowie Beschädigung oder Lahmlegung von Einrichtungen, Technik und Akten bzw. Unterlagen dieser Zentren;
– Beschaffung wichtiger Dokumente, Unterlagen oder spezifischer feindlicher Technik;
– Unterstützung von Kräften, die gegen den imperialistischen Machtapparat auftreten.

In: Thomas Auerbach: Einsatzkommandos an der unsichtbaren Front. Terror- und Sabotagevorbereitungen des MfS gegen die Bundesrepublik Deutschland. Berlin 1999 (Ch. Links Verlag), S. 147–151.

In den regelmäßig aktualisierten Listen der MfS-Diensteinheiten waren 1988 etwa 3 000 „feindlich-negative" DDR-Bürger zur Festnahme notiert, weitere ca. 11 000 sollten in die geplanten Isolierungslager gesperrt und mehr als 70 000 verschärfter Überwachung unterworfen werden.[4]

Das Arsenal der Staatssicherheit 1989:

Im ehemaligen Amt für Nationale Sicherheit, einschließlich dem Wachregiment, waren folgende Waffen zur Ausrüstung der Kräfte und als Reserve vorhanden:

Pistolen und Revolver	124 593
Maschinenpistolen	76 592
Gewehre	3 611
Leichte Maschinengewehre	449
Schwere Maschinengewehre	766
Panzerbüchsen	3 537
Fla-MG, Kal. 14,5 mm	342
Abschlußgeräte für spezielle Munition	103
Polizeiflinten	48
Leuchtpistolen	3 303

Zwischenbericht der DDR-Regierung über den Stand der Auflösung des ehemaligen Amtes für Nationale Sicherheit, 15.1.1990. In: Uwe Thaysen (Hrsg.): Der Zentrale Runde Tisch. Wortprotokoll und Dokumente, Band II. Wiesbaden 2000 (Westdeutscher Verlag), S. 365.

Das Wachregiment „Feliks E. Dzierzynski" wuchs seit Beginn der siebziger Jahre von knapp 8 000 auf ca. 11 000 Mann und erreichte damit Divisionsstärke. Im Gegensatz zum sonstigen MfS-Apparat dienten hier überwiegend Zeitsoldaten: 1989 standen ca. 2 500 Berufssoldaten mehr als 8 500 Soldaten auf Zeit gegenüber. Diese waren weniger streng ausgewählt und hatten drei Jahre Dienst zu absolvieren. Das Wachregiment war vom MfS-Apparat organisatorisch abgesondert; die Militärabwehr (Hauptabteilung I) und die Kaderverwaltung warben zur Überwachung sogar inoffizielle Mitarbeiter unter den Zeitsoldaten an. Diese waren zugleich ein wichtiges Kaderreservoir für den MfS-Dienst. Militärisches Kernstück des Wachregiments waren fünf Kommandobereiche mit insgesamt vier Motorisierten Schützenbataillonen, zehn Schützenbataillonen sowie vier Schützenkompanien. In Friedenszeiten bewachten sie vor allem die Dienstgebäude des MfS sowie die Gebäude der Staats- und Parteiführung und dienten als Verfügungsreserve bei Großveranstaltungen oder für „Feuerwehreinsätze" in der Wirtschaft, zum Beispiel bei der Getreideernte.

Quelle: BStU, ZA, KS II 1953/91, Bd.1, S.158

[4] Thomas Auerbach: Vorbereitung auf den Tag X. Die geheimen Isolierungslager des MfS. Berlin 1995, S. 5 und 24.

Soldaten des Wachregiments „Feliks E. Dzierzynski" sichern das Staatsratsgebäude in Berlin-Mitte

Kapitel 7 Der entfaltete Apparat

Im Kriegs- bzw. inneren Spannungsfall hätte das Wachregiment die ihm anvertrauten Regierungs- und Parteiobjekte militärisch schützen sollen. Angesichts des erheblichen Umfangs ist davon auszugehen, dass ein solcher Auftrag gegebenenfalls auch offensive Operationen eingeschlossen hätte.

Das Wachregiment verfügte unter anderem über Schützenpanzerwagen und Mörser, aber nicht über schweres militärisches Gerät. Die MfS-Mitarbeiter der anderen Diensteinheiten waren in der Regel mit Pistolen ausgerüstet, daneben standen große Mengen von Maschinenpistolen zur Verfügung. Der immense Umfang zeigt deutlich, dass das Ministerium für Staatssicherheit bürgerkriegsfähig ausgerüstet sein sollte, um im Falle eines neuerlichen „17. Juni", dessen Erfahrungen immer den Bezugspunkt entsprechender Planungen bildeten, auf die Verteidigung der Machtzentren vorbereitet zu sein.

Schützenpanzerwagen des Wachregiments „Feliks E. Dzierzynski", Militärparade am 7. Oktober 1983

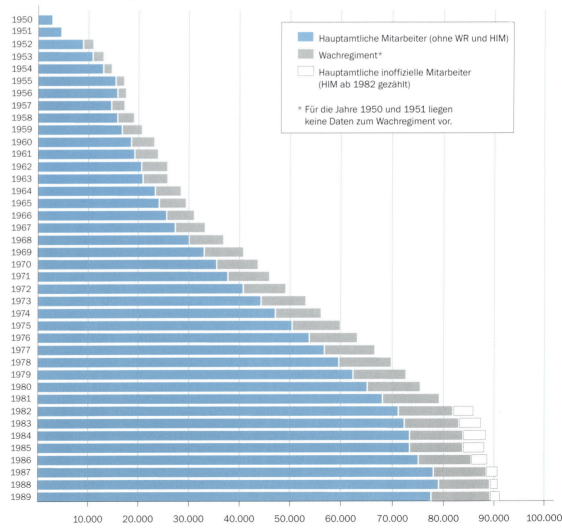

Personalentwicklung des Ministeriums für Staatssicherheit 1950 bis 1989

- Hauptamtliche Mitarbeiter (ohne WR und HIM)
- Wachregiment*
- Hauptamtliche inoffizielle Mitarbeiter (HIM ab 1982 gezählt)

* Für die Jahre 1950 und 1951 liegen keine Daten zum Wachregiment vor.

8 Machtverfall und Auflösung

Zu Beginn der achtziger Jahre hatte der Sicherheitsapparat in ungekanntem Maße Bedeutung und Macht im Herrschaftssystem der SED und der Gesellschaft der DDR erlangt. Es gab kaum ein Feld des gesellschaftlichen Lebens, in dem die Staatssicherheit nicht in der einen oder anderen Weise „sichernd" eingriff. Doch der Geist „immerwährender tschekistischer Expansion", der Stalins These von der ständigen Verschärfung des Klassenkampfes fortschrieb, wurde nun durch neue Töne gestört. Die akute Wirtschafts- und Finanzkrise der DDR führte 1982/83 zu einer (allerdings nur minimalen) Kürzung der finanziellen Zuweisungen aus dem Staatshaushalt – von 3,001 auf 2,976 Milliarden Mark (ohne Devisen). In den folgenden Jahren stieg der MfS-Etat zwar wieder, doch die Zuwachsraten früherer Jahre erreichte das Ministerium nicht mehr. 1989 erhielt das MfS schließlich 3,6 Milliarden Mark. Die Ausgaben in konvertierbaren Devisen (vor allem DM) lagen in den achtziger Jahren bei jährlich ca. 33 bis 34 Millionen Valutamark. Als Reaktion auf die Zuspitzung der Wirtschaftslage erließ Mielke im Januar 1983 einen allgemeinen Stellenstopp. Zwar ließ er Ausnahmen zu, doch die Zuwächse fielen fortan gering aus – und 1986 musste er den Stellenstopp noch einmal verschärfen.

Am 31. Oktober 1989, als die MfS-Kaderverwaltung zum letzten Mal unter Geheimhaltung ihre Personalstatistik aufstellte, verfügte das Ministerium über einen Personalbestand von 91 015 Mitarbeitern, darunter 13 073 Zeitsoldaten, 2 232 Offiziere im besonderen Einsatz und 2 118 hauptamtliche inoffizielle Mitarbeiter (HIM).

In der Endphase des SED-Regimes wuchs die Unruhe in der Bevölkerung. Die ständig steigende Zahl von Personen, die ihre Ausreise in den Westen

Unter dem Symbol „Schwerter zu Pflugscharen" entwickelte sich seit 1980 die kirchliche Basisarbeit zur unabhängigen Friedensbewegung. Im Rahmen der kirchlichen Friedensdekade wurde 1983 ein Schwert zur Pflugschar umgeschmiedet

Den erfolgreichen Einsatz von IM ließ sich das MfS „etwas kosten“. Quelle: BStU, Außenstelle Gera, X 654/69 Teil I, Bd. II, Bl. 56

```
Bezirksverwaltung                   Gera, 11. 3. 1985
für Staatssicherheit                ber/ko
Abteilung XX/4
```

bestätigt:

Leiter der Bezirksverwaltung

Lehmann
Generalmajor

Prämierungsvorschlag
(B-Fond)

Für ihre qualifizierte und von hoher persönlicher Einsatzbereitschaft getragene Arbeit zur Bekämpfung der subversiven Machenschaften negativ-feindlicher Kräfte im klerikalen Bereich wird vorgeschlagen; die IM

```
    "Runge"
    KD Jena
    Reg.-Nr. X/645/69

    mit 1000,-- Mark (eintausend)

    "Brenner"
    Abteilung XX/4
    Reg.-Nr. Gera/643/62

    mit  750,-- Mark (siebenhundertundfünfzig)
```

aus dem B-Fond des Leiters der Bezirksverwaltung zu prämieren.

Begründung:

In Vorbereitung und Durchführung des s. g. "Schweriner Friedensseminar negativ-feindlicher klerikaler Kräfte aus der gesamten DDR vom 1. - 3. 3. 1985 hatten beide IM, die fest in einer negativ-feind-lichen Gruppierung verankert sind, einen hohen Anteil bei der langfristigen, zuverlässigen und detaillierten Aufklärung der Pläne und Absichten und der "Wer-ist-wer?"-Aufklärung ganzer Bereiche.

An entscheidenden Schwerpunkten des Seminars eingesetzt, trugen die IM wesentlich zur vollständigen Aufdeckung der negativ-feind-lichen Machenschaften bei und halfen den operativen Erfolg der Aktion zu sichern.

Der Schweriner Einsatz war Höhepunkt einer kontinuierlichen, effektiven und sehr zuverlässigen Arbeit der IM in der Arbeit gegen den Feind.

Leiter der Abteilung

beantragten, wurde zum Kardinalproblem. Die zunehmenden privaten und offiziellen Kontakte durchlöcherten den Eisernen Vorhang. Seit Ende der siebziger Jahre formierte sich in Friedens-, Menschenrechts- und Umweltgruppen unter dem Dach der evangelischen Kirche eine politische Opposition. Der Spielraum des MfS im Kampf gegen systemkritische Aktivitäten verengte sich durch die große öffentliche Resonanz, die eine direkte Repression gegen Oppositionelle in den Westmedien hervorrief. Auch mit dem perfiden Psychoterror der verdeckten „Zersetzungsmaßnahmen", Zwangsausbürgerungen und dem exzessiven Einsatz von inoffiziellen Mitarbeitern, die in den Oppositionsgruppen nach Kräften Konflikte schürten, gelang es nicht, diese Bewegung zu brechen. Immer wieder zeigte

sich, dass das Mobilisierungspotential erheblich größer war als der zunächst nur wenige Köpfe zählende Kern der Aktivisten.

Auf dem Feld der Wirtschaft avancierte das MfS zu einem „Mädchen für alles", das die Folgen der verfehlten Investitionspolitik zu tragen hatte und die „Schuldigen" für die sprunghaft ansteigenden Ausfälle durch verschlissene Produktionsmittel finden musste: Kritik an wirtschaftspolitischen Entscheidungen der Politbürokratie war allerdings auch der Staatssicherheit nicht gestattet. Auf der anderen Seite wollten viele Wirtschaftsfunktionäre in der Staatssicherheit, wie der Chef der Hauptabteilung XVIII schon 1983 klagte, einen „Rettungsanker" sehen, um „beim Vorsitzenden der Staatlichen Plankommission zusätzliche Mittel ‚locker zu ma-

Den Friedenskreis Pankow störte das MfS auf außergewöhnliche Weise:

Im September 1983 tauchten dann diese jungen Männer zum ersten Mal im Friedenskreis auf. Wir sahen auf den ersten Blick, dass sie von der Staatssicherheit kamen. Sie waren alle auf die gleiche Weise „salopp" gekleidet im sportlichen, volkseigenen Exquisit-Chic. Sie trugen Turnschuhe, und man sah ihnen ihr regelmäßiges Kraftsporttraining an. Sie standen schon eine Viertelstunde vor Beginn des Friedenskreises in kleinen Grüppchen auf der Treppe und warteten darauf, dass die Tür aufgeschlossen wurde. Bis zum Schluss konnten sie sich nicht auf unsere Unpünktlichkeit einstellen. Obwohl der Große Friedenskreis um 20.00 Uhr beginnen sollte, ging er regelmäßig mindestens eine Viertelstunde später los.

Ruth Misselwitz begrüßte die Neulinge und schlug geistesgegenwärtig vor, dass wir in Anbetracht der vielen unbekannten Gesichter mit einer Vorstellungsrunde beginnen würden. Eine solche Möglichkeit war in ihrer „Einführungsveranstaltung" offensichtlich nicht besprochen worden, denn die meisten stellten sich mit dem Namen vor, den der erste genannt hatte: „Ich bin der Lutz." Wir tauften sie deshalb schon am ersten Abend „Luzies", eine Verballhornung von Lutz und Luzifer.

Von nun an machten die Luzies uns schwer zu schaffen. Mit immer neuen Taktiken versuchten sie, die Diskussion zu majorisieren und unmöglich zu machen. Da jeder wusste, dass sie von der Staatssicherheit kamen, mögen sie etliche Menschen auch davon abgehalten haben, weiter zum Friedenskreis zu kommen.

So lange sie nur „progressiv" diskutierten, waren sie auszuhalten. Schwerer zu ertragen waren ihre rüden Störversuche. In unangenehmster Erinnerung habe ich eine Szene, wo ein Luzie, der den Angetrunkenen mimte, behauptete, ihm sei von einem Friedenskreismitglied das Portemonnaie gestohlen worden, und er sich auf der Stelle prügeln wollte. (...)

Freya Klier, die damals mit zum Friedenskreis gehörte, hatte sehr bald herausbekommen, dass sie aus der Stasi-Schule in Potsdam kamen und konfrontierte sie öffentlich damit. Die Luzies bestritten es.

Unsere Versuche, sie einzeln nach Ende einer Veranstaltung in ein Café abzuschleppen, und dort unter vier Augen zu fragen, scheiterten. Sie blieben immer in ihren Grüppchen beisammen und ließen sich nie auf eine Einladung ein.

Nur einmal traf meine Freundin Irene einen der jungen Männer im Postamt, wo er in der Schalterschlange stand. Sie ging auf ihn zu, begrüßte ihn mit „Hallo, Lutz" und schlug ihm vor, einen Kaffee trinken zu gehen. Ohne ihren Gruß zu erwidern, verließ der junge Mann schnellen Schrittes das Postamt. Im Friedenskreis tauchte er danach nicht mehr auf.

Natürlich sind die Berichte der Stasi-Studenten voll von Erfolgsmeldungen: Wir wären ihren progressiven Argumenten nicht gewachsen, unsere Referate und Bemerkungen seien diffus, kaum verständlich, wenig wirksam. Merkwürdigerweise bestanden auch die Führungsoffiziere in ihren Berichten darauf, die Studenten seien als das, was sie waren, niemals erkannt worden.

Vera Wollenberger: Virus der Heuchler.
Innenansichten aus Stasi-Akten. Berlin 1992, S. 28–30.
© Vera Lengsfeld

[1] Zitiert nach Maria Haendcke-Hoppe-Arndt: Hauptabteilung XVIII: Volkswirtschaft. MfS-Handbuch III/10, Berlin 1997, S. 97

chen"".[1] Auch viele andere Personen, die mit Engpässen und Versorgungsmängeln ringen mussten, suchten den scheinbar allmächtigen Geheimapparat als „Schmiermittel der Wirtschaft" zu nutzen, indem sie dort ihre Sorgen und Nöte vorbrachten – doch damit überschätzten sie die Möglichkeiten und irrten sich über Auftrag und Funktionsweise des MfS.

Die Häufung der Systemdefizite und die daraus resultierenden zusätzlichen Kontroll- und Überwachungsaufträge lasteten vor allem auf den Kreisdienststellen, in denen zwar nur 13 Prozent aller hauptamtlichen Mitarbeiter tätig waren, die aber mehr als die Hälfte des inoffiziellen Netzes führten.

Durch die „veränderte politische Lage", so erläuterte Minister Mielke auf einer Dienstkonferenz im

Mielke vor MfS-Kaderoffizieren zu den Folgen der Wirtschaftskrise, 31. Januar 1983:

In den letzten Jahren sind auch für das MfS Reduzierungen der geplanten materiellen und finanziellen Mittel unvermeidlich geworden. Mit weiteren Reduzierungen muss gerechnet werden. Das kann natürlich nicht ohne Konsequenzen für den künftigen Umfang und die Entwicklung des Gehalts- und der Prämienfonds, der Versorgung mit Diensträumen, Wohnungen, Unterkünften und anderen sozialen Leistungen bleiben.

In: Jens Gieseke: Die hauptamtlichen Mitarbeiter der Staatssicherheit. Personalstruktur und Lebenswelt 1950 – 1989/90. Berlin 2000 (Ch. Links Verlag), S. 389.

Information der Objektdienststelle Zeiss zu einem geflohenen Professor, 1987:

Die Quelle schätzt ein, dass Prof. (...) umfassende Einblicke im ZMD [Zentrum für Mikroelektronik Dresden] zu den F/E-Themen Schaltkreisentwurf, dem dafür erforderlichen Einsatz der NSW-Rechentechnik einschließlich der Software aus dem NSW hatte und entsprechende Kenntnisse besitzt.

Prof. (...) besitzt umfangreiche Kenntnisse darüber, was und in welchem Umfang die Sicherheitsorgane der DDR diesbezügliche Embargo-Technik aus der BRD organisiert haben. Er war teilweise bei Verhandlungen, die das MfS mit NSW-Partnern zwecks Beschaffung führte, anwesend.(...)

[2] Referat Erich Mielkes auf der zentralen Dienstkonferenz zu ausgewählten Fragen der politisch-operativen Arbeit der Kreisdienststellen und deren Führung und Leitung, 26.10.1988; BStU, ZA, DSt 103527; zitiert nach Walter Süß: Die Durchdringung der Gesellschaft mittels des MfS – Fallbeispiel: Jena im Jahre 1989. In: Die SED-Herrschaft und ihr Zusammenbruch, hrsg. von Eberhard Kuhrt u. a., Opladen 1996, S. 117f.

Prof. (...) kennt weiter die Zielstellungen zur 32-Bit-Rechentechnik-Entwicklung in der DDR. (Durch den Fakt, dass wir diese Rechentechnik 1:1 kopiert haben.) Er kennt alle Personen bzw. einen Großteil der Personen, die diese Technik unter Umgehung der Embargomaßnahmen beschafft haben. Damit sind diese Personen bei weiteren NSW-Reisen stark gefährdet.

Der UGÜ [Ungesetzlicher Grenzübertritt] wird nach Meinung der Quelle als ein schwerer Schlag gegen die politischen und ökonomischen Interessen der DDR bei der Erlangung von Weltstandspositionen und internationaler Wettbewerbsfähigkeit auf dem Gebiet der Mikroelektronik und Rechentechnik eingeschätzt.

In: Reinhard Buthmann: Kadersicherung im Kombinat VEB Carl Zeiss Jena. Die Staatssicherheit und das Scheitern des Mikroelektronikprogramms. Berlin 1997 (Ch. Links Verlag), S. 239f.

Oktober 1988, hätten sich die Aufgaben der Kreisdienststellen wesentlich erweitert. Als wichtigste Probleme führte er an: die Bekämpfung der „politischen Untergrundtätigkeit", die „Zurückdrängung von Übersiedlungsersuchen", Sicherheitsüberprüfungen im Zusammenhang mit dem „enorm gestiegenen Reiseverkehr", die Analyse von Bevölkerungsreaktionen auf politische Entscheidungen sowie die „Realisierung von stabilitätsfördernden Maßnahmen" in wichtigen Bereichen der Volkswirtschaft. Aufgrund dieser Belastungen würden Mitarbeiter die Auffassung vertreten, dass ein großer Teil ihrer Tätigkeit „eigentlich mit der Arbeit am Feind kaum noch etwas zu tun" habe und die „Grenzen der operativen Belastbarkeit erreicht" seien.[2]

Die inneren Schwierigkeiten führten Partei und Staatssicherheit auf die vom Westen verfolgte „imperialistische Globalstrategie" zurück. Paradoxerweise schienen sie also den politischen Auftrag des MfS noch zu bestätigen. Dies änderte sich mit dem Beginn der sowjetischen Reformpolitik unter Generalsekretär Michail Gorbatschow seit dem 27. Parteitag der KPdSU 1986. Dessen Anstoß zur freieren öffentlichen Debatte und sein kritischer Blick auf das hergebrachte System stellten die ideologische Legitimation der SED-Herrschaft und der Staatssicherheit in Frage. Die innere Opposition konnte sich auf die in Moskau gewährten Freiheiten berufen. Dies verunsicherte die MfS-Mitarbeiter, zum Beispiel als die SED im November 1988 ausgerechnet die sowjetische Zeitschrift „Sputnik" verbot. Im April 1989 sprach sich Mielke aus Sorge vor dem sowjetischen Reformgeist sogar gegen ein Zusammentreffen von Vertretern der Parteiorganisatio-

Erich Mielke zu Leonid Schebarschin, stellvertretender KGB-Chef, April 1989:

Jetzt komme ich zum dicksten „Brocken" – zu dem Artikel in der „Moskowskaja Prawda" vom 30.3.1989 über Stalin: „Stalin war Agent der Ochrana" [zaristische Geheimpolizei].

Jetzt frage ich: Hat die Staatssicherheit nicht die Kontrolle über die Archive übernommen, als die Macht ergriffen wurde?

Gibt es noch solche Archive, die nicht unter der Kontrolle der Staatssicherheit sind? Sind die Dokumente noch da?

Wenn Stalin die Leute liquidiert hat, die davon Kenntnis hatten, warum hat er dann nicht die Archive liquidiert?

Ich sage nicht, dass dies nicht möglich ist. Ich stelle nur Fragen. Die einen schreiben: Es kann sein. Es muss überprüft werden. Warum wird dann nicht überprüft? Warum wird dann so etwas veröffentlicht?

Weitere Frage. Hat denn Stalin als Ochrana-Agent den Faschismus geschlagen? Es erhebt sich die Frage, was er alles als Agent der Ochrana gemacht hat? Hat ein Agent der Ochrana den Sozialismus aufgebaut? Hat die gesamte kommunistische Weltbewegung, die Komintern eine solche Entwicklung genommen?

Noch eine Frage: Wen wollt Ihr noch gewinnen als Agentur für Euch?

Ich muss doch Angst haben, dass Ihr unsere Agenturen preisgebt, wenn es die Möglichkeit gibt, in die Archive einzusehen. Die Fragen werden schon gestellt. Ihr schadet Euch selbst und uns bringt Ihr in die Zwangslage, ob wir Euch noch sagen können, woher wir die Informationen haben. (...)

Durch solche Veröffentlichungen diskreditiert man völlig den Sozialismus. Der ganze Glauben junger Menschen an den Sozialismus geht doch verloren, wenn wir von einem Agenten geführt wurden. Das verstehe ich nicht. Wenn das so ist, dass Ihr die Archive nicht in Euren Händen habt, dann habt Ihr einen großen Fehler gemacht. (...)

Gen. Schebarschin: Ich sitze hier wie ein Beschuldigter. Ich bin nicht für den Artikel verantwortlich.

Gen. Mielke: Überlegt Euch, welche Schlussfolgerungen daraus zu ziehen sind. (...) Ich bitte um Verzeihung, dass ich über einige Fragen sehr lange gesprochen habe, aber erstens kommen wir nicht so oft zusammen und zweitens dachte ich, dass Gen. Schebarschin dies Gen. Krjutschkow vortragen wird und Gen. Krjutschkow dies (...) Gen. Tschebrikow übermittelt, der dann Gen. Gorbatschow informiert. (...)

Man muss aufhören mit den zur Zeit grassierenden Veröffentlichungen in der Sowjetunion, die den gesamten Weltsozialismus diskreditieren. Wir waren als junge Menschen bereit, für diese „hehre" Sache in den Tod zu gehen.

Das hat nichts damit zu tun, dass Stalin vielleicht Agent war oder Verbrechen begangen hat.

Es geht doch um die Idee. Die Kirche glaubt heute noch an Gott, obwohl ihn noch keiner gesehen hat. Dann hätten wir doch Sozialdemokraten bleiben können.

Walter Süß: Erich Mielke (MfS) und Leonid Schebarschin (KGB) über den drohenden Untergang des Sozialistischen Lagers. Protokoll eines Streitgesprächs vom 7. April 1989. In: Deutschland Archiv 26(1993)9, S. 1015–1034, hier 1030 f.

Auslöser für das Verbot der Zeitschrift „Sputnik" war ein Artikel zum „Hitler-Stalin-Pakt"

Symbol des Neuen Forums (entstanden 1990)

[3] Dienstbesprechung am 31.8.1989 (Auszug). In: Armin Mitter/Stefan Wolle (Hrsg.): Ich liebe euch doch alle! Befehle und Lageberichte des MfS Januar – November 1989, Berlin 1990, S. 113-138, hier 125

nen des KGB und des MfS aus und machte dem stellvertretenden KGB-Chef Schebarschin schwere Vorwürfe.

Wenig später geriet die Lage in der DDR außer Kontrolle. Die Staats- und Parteiführung ignorierte die von Oppositionellen nachgewiesenen Fälschungen an den Ergebnissen der im Mai 1989 durchgeführten Kommunalwahlen. Die Abgeordneten der Volkskammer stimmten demonstrativ der brutalen Niederschlagung der Studentenbewegung auf dem Pekinger Platz des Himmlischen Friedens zu. Zugleich öffnete sich mit der faktischen Grenzöffnung in Ungarn für DDR-Bürger ein Schlupfloch im Eisernen Vorhang. Mielkes Ende August 1989 gestellte ahnungsvolle Frage, ob ein neuer „17. Juni" drohe, wurde zwar von seinen Generälen unter Hinweis auf die eigenen Machtmittel verneint[3], aber es gelang der Staatssicherheit nicht, die Gründung des Neuen Forums als oppositionelle Sammlungsbewegung, der Sozialdemokratischen Partei der DDR (SDP) und weiterer Bürgerrechtsgruppen (Demokratischer Aufbruch, Demokratie Jetzt, Vereinigte Linke u.a.) zu verhindern, obwohl sie in den Initiatorenkreisen mit zahlreichen inoffiziellen Mitarbeitern vertreten war und im Falle der SDP mit dem inoffiziellen Mitarbeiter Manfred Ibrahim Böhme sogar den Geschäftsführer stellte.

In den bundesdeutschen Botschaften in Prag, Budapest und Warschau sammelten sich in diesen

DDR-Bürger, die ihr Land verlassen wollen, überklettern die Mauer der Botschaft der Bundesrepublik Deutschland in Prag

ZAIG-Information an die Mitglieder des Polit-büros und weitere hohe SED-Funktionäre, 19. September 1989:

Streng geheim! Um Rückgabe wird gebeten!
Information über Bestrebungen feindlicher, oppositioneller Kräfte zur Schaffung DDR-weiter Sammlungsbewegungen/Vereinigungen

Wie bereits in der Information des MfS Nr. 386/89 vom 4. September 1989 umfassend dargestellt, propagierte der wegen fortgesetzter negativer Aktivitäten hinlänglich bekannte Pfarrer Meckel/Magdeburg im Rahmen eines am 26. August 1989 stattgefundenen „Menschenrechtsseminars" in der Golgatha-Kirchengemeinde Berlin die Bildung einer so genannten Initiative zur Schaffung einer sozialdemokratischen Partei in der DDR. Deren Konstituierung ist nach vorliegenden Hinweisen für den 7. Oktober 1989 vorgesehen. Entsprechend Ausführungen Meckels streben die Inspiratoren/Organisatoren dieses Vorhabens – ausschließlich reaktionäre Kirchenkräfte und Mitglieder personeller Zusammenschlüsse wie Pfarrer Gutzeit/Sprachenkonvikt Berlin bzw. Manfred Böhme/„Initiative Frieden und Menschenrechte" Berlin – in der DDR eine „ökologisch orientierte sozialdemokratische Gesellschaft" an. Ihren Auffassungen zufolge müssten in der DDR für einen „Demokratisierungsprozess" entsprechende Voraussetzungen und Bedingungen geschaffen werden. Dazu diene die Schaffung einer sozialdemokratischen Partei.

Ihr müssten – gemeinsam mit weiter zu bildenden „demokratischen Organisationsformen" – solche Prinzipien zugrunde liegen wie „Entmonopolisierung und Demokratisierung der Macht in Staat und Gesellschaft" sowie „demokratische Kontrolle" des Staates durch den einzelnen Bürger. (…)

Streng vertraulichen Hinweisen zufolge fand in jüngster Zeit eine Zusammenkunft der Kräfte um Meckel statt, während der ein „Aufruf der Initiativgruppe Sozialdemokratische Partei in der DDR" verfasst wurde, der vervielfältigt und verbreitet werden soll (Text als Anlage 1). Damit erhoffen sich die Inspiratoren/Organisatoren eine höhere Wirksamkeit hinsichtlich der Sammlung von Gleichgesinnten/Sympathisanten.

Über die vorgenannten Aktivitäten zur Bildung einer sozialdemokratischen Partei hinausgehend, wurden dem MfS streng intern Aktivitäten feindlicher, oppositioneller Kräfte bekannt, so genannte Sammlungsbewegungen und Vereinigungen mit dem Ziel zu bilden, Gleichgesinnte und Sympathisanten zusammenzuführen und eine organisierte innere Opposition zu formieren: 1. Anfang September 1989 „konstituierte" sich im Rahmen einer langfristig vorbereiteten Zusammenkunft von ca. 30 Führungskräften personeller Zusammenschlüsse und weiterer feindlich-negativen Personen aus der Hauptstadt Berlin sowie den Bezirken Leipzig, Halle, Dresden, Magdeburg, Frankfurt/ Oder, Potsdam und Schwerin eine so genannte Vereinigung „Neues Forum". Erstunterzeichner eines während dieser Zusammenkunft beratenen und beschlossenen Gründungsaufrufes „Aufruf '89 – NEUES FORUM" (Text als Anlage 2) sind u.a. die hinlänglich bekannten Führungskräfte personeller Zusammenschlüsse aus Berlin, Bärbel Bohley und Dr. Martin Böttger/beide „Initiative Frieden und Menschenrechte" (Böttger ist seit kurzem im Kreis Zwickau wohnhaft), Annedore Havemann/„Frauen für den Frieden", die Medizinerehepaare Eberhard und Jutta Seidel sowie Sebastian und Christine Pflugbeil/„Ärzte für den Frieden", Reinhard Schult/„Friedenskreis" Berlin-Friedrichsfelde und Reinhard Pumb/Arbeitsgruppe „Menschenrechte" des „Friedenskreises" der Erlöserkirche. Ferner unterzeichneten Erika Drees/„Friedenskreis" Stendal und „Koordinierungsgruppe Kernkraft", Frank und Katrin Eigenfeld/„Vorbereitungskreis Nachtgebete" bzw. „Christliche Frauen für den Frieden", Halle, sowie Michael Arnold/„Interessengemeinschaft Leben", Leipzig. Erstunterzeichner sind darüber hinaus aktive Mitglieder des „Friedenskreises Wolfspelz" und des so genannten Aktionskreises „Frieden und Gerechtigkeit" des Landeskirchenamtes Sachsen, Dresden. Dem Aufruf schlossen sich durch Unterschrift an: die Teilnehmer der Zusammenkunft Prof. Dr. Reich/wissenschaftlicher Mitarbeiter am Zentralinstitut für Mikrobiologie der Akademie der Wissenschaften der DDR, Hans-Jochen Tschiche/Leiter der Evangelischen Akademie Sachsen-Anhalt und der ehemalige Rechtsanwalt Henrich. Letztere integrierten sich wiederholt in unterschiedlichste Aktivitäten personeller Zusammenschlüsse und treten darüber hinaus mit relativ eigenständigen feindlich-negativen Handlungen in Erscheinung. (…)

Nach weiter vorliegenden internen Hinweisen sollen die organisatorischen Voraussetzungen für die Bildung notwendiger Strukturen der Vereinigung bis zum 1. Dezember 1989 („1. Phase") abgeschlossen sein. Bis zur angestrebten staatlichen Genehmigung wolle man in so genannten Freundeskreisen tätig werden.

In: Armin Mitter/Stefan Wolle (Hrsg.): Ich liebe euch doch alle! Befehle und Lageberichte des MfS Januar–November 1989. Berlin 1990 (Basis Druck), S. 153–156.

Kapitel 8 Machtverfall und Auflösung

Ibrahim Böhme (rechts), Geschäftsführer der SDP, und Wolfgang Schnur (links), Vorsitzender des „Demokratischen Aufbruch", die später als langjährige inoffizielle Mitarbeiter der Staatssicherheit enttarnt wurden. In der Mitte die Bürgerrechtler und Mitbegründer des „Neuen Forum" Ingrid Köppe und Reinhard Schult

Wochen Tausende von DDR-Bürgern, die in die Bundesrepublik ausreisen wollten. Am 30. September gab die DDR nach und ließ ihre Fahrt in den Westen zu.

Nachdem Polizei und MfS die Berliner Demonstration am Abend des 40. Jahrestages der DDR-Gründung, dem 7. Oktober 1989, noch auseinander getrieben hatten, schreckten die Befehlsträger zwei Tage später vor Gewalt zurück, als in Leipzig etwa 70 000 Menschen für Reformen in der DDR auf die Straße gingen. Nach dem Sturz Honeckers am 18. Oktober unterwarf sich das Ministerium für Staatssicherheit, getreu seinem Verständnis als „Schild und Schwert der Partei", dem von seinem Nachfolger Egon Krenz proklamierten Kurs des „Dialogs" und der „Wende", beschränkte sich auf defensive Maßnahmen und die Beobachtung der Demonstrationen.

94

Mit Schild und Schlagstock treiben Sicherheitskräfte am 5. Oktober vor dem Dresdner Hauptbahnhof die Demonstranten auseinander

Bernd-Lutz Lange, Unterzeichner des Leipziger Aufrufs zur Gewaltlosigkeit vom 9. Oktober:

Es war ja an diesem 9. Oktober eine richtige Ruhe vor dem Sturm in dieser Stadt. Man wusste genau, was für Leute hier zusammengezogen werden. Es wurde erzählt, dass die Ärzte schon für abends diesen Sonderdienst haben, weil man mit Verwundeten rechnete, dass Blutkonserven bereitstehen. Feststand: Es wurde alles getan und geplant, dass an diesem Abend was passiert, und es hätte das Schlimmste passieren können. Und ich glaube, die Menschen haben – das ist für mich eigentlich das größte – ihre Angst an diesem Tag überwunden (...)

Ich kenne Leute, die haben eine Beruhigungstablette genommen und dann sind sie zur Demo gegangen, weil sie wussten, jetzt dürfen wir nicht nachlassen, sonst geht alles wieder seinen alten Trott weiter.

In: Ekkehard Kuhn: Der Tag der Entscheidung – Leipzig, 9. Oktober 1989. Berlin 1992 (Ullstein), S.13.

Auch in Ost-Berlin wird gegen Demonstranten brutal vorgegangen, 7. Oktober 1989

Leipzig, am „Ring", 9. Oktober 1989

Der Abgeordnete Erich Mielke (SED), Volkskammertagung am 13. November 1989:

Wir sind Söhne und Töchter der Arbeiterklasse, der Werktätigen, und kommen aus allen Schichten, einfache, gebildete und wissenschaftliche Mitarbeiter. Wir vertreten die Interessen der Werktätigen. Das ist unser oberster Auftrag der Volkskammer und dem haben wir uns immer bemüht gerecht zu werden. Das war nicht immer leicht und wurde unter schweren Bedingungen durchgeführt. Wir haben, Genossen, Abgeordnete, einen außerordentlich hohen Kontakt mit allen werktätigen Menschen (lautes Lachen). Ja, wir haben einen Kontakt, wir haben einen Kontakt. Ihr werdet gleich hören, Ihr werdet gleich hören warum. Ich fürchte mich nicht, hier ohne Rededisposition Antwort zu stehen. Auch eine Demokratie. Ich habe mir kein Referat vorher fertig gemacht. Wir haben den Auftrag erst mal gehabt als Allerwichtigstes, alles aufzudecken, was gegen den Frieden sich richtete, und wir haben hervorragende Informationen geliefert, die die Entwicklung jetzt so weit brachten, wie wir sie heute haben, Genossen. Nicht nur für die DDR, sondern für das sozialistische Lager. Zweitens war die wichtigste Aufgabe die Stärkung unserer sozialistischen Wirtschaft. Wenn Ihr mich fragen würdet, Ihr würdet sehen, viele im Saal würden zustimmen, dass unsere Mitarbeiter Hervorragendes auf diesem Gebiet leisten. Und mehr möchte ich dazu nicht sagen müssen. Hervorragendes, Genossen, leisten wir zur Stärkung unserer Volkswirtschaft.

(Zwischenfrage: „In der Kammer sitzen nicht nur Genossen.")

Das ist eine formale Frage. Ich liebe, ich liebe doch alle.

(Lachen.)

Ich liebe doch, ich setze mich doch dafür ein. Ich bitte um Verständnis, wenn ich das gemacht haben sollte, dann bitte ich um Verständnis für diesen Fehler.

Aber jetzt kommt noch eine andere Frage. Viele einfache Werktätige und weitere bis zum Direktor haben uns vieles mitgeteilt über Unzulänglichkeiten, für die wir gar nicht zuständig waren, liebe Abgeordnete. Wir haben alles entgegengenommen, um darüber bei den zuständigen Stellen zu berichten, dass eine solche Lage vorhanden ist. Das haben wir getan. (…) Wir haben die Schwierigkeiten aufgezeigt, die mit der Republikflucht entstehen, mit dem Verlassen der Republik. Wir haben aufgezeigt, wie viel Ärzte die Republik verlassen, haben aufgezeigt, wie viel Lehrer die Republik verlassen.

(Zurufe: „Aber nicht den Abgeordneten.")

Soll ich denn die Wahrheit sagen oder nicht?

(Zurufe: „Na klar!")

Wir haben berichtet über diese ganzen Fragen.

(Zurufe: „Wo?")

Wir haben Vorschläge gemacht.

(Zurufe: „Wo?") (…)

An die Stelle, an die ich verpflichtet bin, als Minister für Staatssicherheit zu berichten. (…) Wir haben also auf vieles aufmerksam gemacht, was heute hier gesprochen wurde. Das einzigste ist, dass vieles, was wir gemacht haben, nicht immer berücksichtigt wurde und nicht eingeschätzt wurde.

In: Deutschland Archiv, 23(1990)1, S. 121.

Erich Mielke vor der Volkskammer, 13. November 1989

Immer häufiger forderten Demonstranten die Auflösung der Staatssicherheit und drängten zu deren Gebäuden. Mielke befahl deshalb Unterlagen auszulagern oder zu vernichten, die das Ausmaß der Überwachung hätten sichtbar werden lassen.

Unter dem Eindruck der Konfusion in der Partei- und Ministeriumsspitze kam im MfS starker Unmut auf. Mitarbeiter, die eine gewaltsame Niederschlagung der Demonstrationen offen gefordert hätten, blieben aber die Ausnahme. Am stärksten demoralisierte die Mitarbeiter der jämmerliche Auftritt Erich Mielkes vor der Volkskammer (deren Abgeordneter er seit 1950 war) am 13. November 1989. Wenige Tage zuvor war Mielke als Minister und Politbüromitglied zurückgetreten. Am 3. Dezember schloss ihn das SED-Zentralkomitee aus der Partei aus, am 7. Dezember wurde er schließlich verhaftet.

Kapitel 8 Machtverfall und Auflösung

Fernschreiben des Erfurter Bezirkschefs Josef Schwarz an den AfNS-Leiter Wolfgang Schwanitz, 4. Dezember 1989:

Da die Gefahr einer Eskalation bestand, [entschied ich], eine Abordnung von 10 Personen zu empfangen, um über das Anliegen dieser Kräfte informiert zu werden und beruhigend auf diese Einfluss zu nehmen. (...) Während dieses Gespräches im Konferenzzimmer des Leiters des Amtes verschafften sich weitere Personen unter Führung einer Frau Dr. Schön, Kerstin, die sich als Sprecherin eines unabhängigen Untersuchungsausschusses ausgab, gewaltsam Zugang zum Bezirksamt und begaben sich ebenfalls in das Konferenzzimmer. Die Frau Schön hatte zuvor den Staatsanwalt des Bezirkes über ihre Absicht, Archivmaterialien und andere Unterlagen im Amt für Nationale Sicherheit vor Vernichtung zu bewahren, in Kenntnis gesetzt. Die Hauptforderungen der in das Bezirksamt eingedrungenen Personen bezogen sich insbesondere auf die Einsichtnahme in die Archive sowie angeblich vorhandene Unterlagen zu konkreten Personen, die sich zum Teil unter den Anwesenden befanden, die Einsichtnahme in vorhandene Speicher sowie die Inaugenscheinnahme der Verkollerungsanlage und der Haftanstalt. (...) Im Beisein der erwähnten Staatsanwälte sowie von Journalisten der „Neuen Erfurter Zeitung", der „Thüringer Neuesten Nachrichten" sowie des „Volkes" wurde aufgrund der massiven Forderungen eine Objektbegehung realisiert.

In: Walter Süß: Staatssicherheit am Ende. Warum es den Mächtigen nicht gelang, 1989 eine Revolution zu verhindern. Berlin 1999 (Ch. Links Verlag), S. 613f.

Demonstranten vor der Bezirksverwaltung für Staatssicherheit Erfurt am 4. Dezember 1989

Der neue Ministerpräsident der DDR, Hans Modrow, gab in seiner Regierungserklärung am 17. November bekannt, dass das MfS in ein Amt für Nationale Sicherheit (AfNS) umgewandelt werde. Zum Chef dieses Amtes wurde von der Volkskammer der bislang als stellvertretender Minister fungierende Generalmajor Wolfgang Schwanitz gewählt. Schwanitz stand für einen widersprüchlichen „Reform"-Kurs. Äußerlich wollte er das Amt an westlich-rechtsstaatliche Modelle anpassen – durch die Entflechtung von Staat und Partei, durch eine gesetzliche Regelung für die AfNS-Arbeit, durch eine Konzentration auf die Verfolgung von „Verfassungsfeinden". Doch zugleich bemühte sich Schwanitz darum, das Netz der inoffiziellen Mitarbeiter möglichst unbeschadet zu erhalten und den Personalbestand sowie die Kernstrukturen zu konservieren. Nur relativ geheimdienstferne Aufgaben wie Personenschutz, Passkontrollen usw. wollte er ausgliedern.

Am 4. Dezember 1989 besetzten Bürgerrechtler das Bezirksamt für Nationale Sicherheit in Erfurt, um die weitere Vernichtung von Unterlagen zu verhindern. Im Verlaufe dieses und des folgenden Tages nahmen spontan gebildete Bürgerkomitees

Erfurter Bürgervertreter lassen den Militärstaatsanwalt Räume in der Bezirksverwaltung versiegeln, um die Aktenvernichtung zu stoppen, 4. Dezember 1989

Endzeitstimmung in den Reihen der Mitarbeiter, Dezember 1989:

Ausgehend von den sich überstürzenden Ereignissen der letzten Tage und Wochen und den ersten Ergebnissen des Sonderparteitages der SED und des sog. „runden Tisches" in bezug auf das Amt für Nationale Sicherheit, durch die kurzfristige, überstürzt vollzogene Auflösung der Kreisämter für Nationale Sicherheit, hat sich die bereits seit längerer Zeit vorhandene Verunsicherung der Genossinnen und Genossen erheblich verschärft.

Obwohl in der Mehrheit die Notwendigkeit struktureller Veränderungen und Reduzierungen im Amt für Nationale Sicherheit anerkannt wird, fühlen sich die Mitarbeiter von der bisherigen Führung des MfS und des AfNS verraten und von der Regierung im Stich gelassen. Davon ausgehend mussten bereits 237 Entlassungen vorgenommen werden, in den nächsten Tagen wird mit weiteren ca. 700 Entlassungen, insbesondere von Mitarbeitern der ehemaligen Kreisämter gerechnet.

Es ist erkennbar bzw. wurde zum Ausdruck gebracht, dass diese Genossinnen und Genossen innerlich mit den Sicherheitsorganen gebrochen haben und nicht mehr bereit sind, gegebenenfalls eine Tätigkeit in neu zu schaffenden Strukturen von Sicherheitsorganen aufzunehmen.

Lagebericht aus dem Bezirksamt Karl-Marx-Stadt vom 14.12.1989; BStU, Ast Chemnitz AWK 2, Bl. 39f.

Dialog am Runden Tisch zwischen dem Oppositionellen Carlo Jordan und dem noch nicht enttarnten MfS-Spitzel Ibrahim Böhme, 3. Januar 1990:

Carlo Jordan (Grüne Partei): Des weiteren, da hier so häufig von zivilisierten Völkern gesprochen wurde und deren Geheimdiensten, möchten wir den Vorschlag unterbreiten, dass ähnlich wie in anderen Ländern den Bürgern der DDR die Möglichkeit eröffnet wird, ihre persönlichen Dossiers bei der Staatssicherheit und den Nachfolgeorganisationen einzusehen und erst danach, nach einer gewissen Zeit, darüber entschieden wird, wie damit zu verfahren ist.

(...) Ibrahim Böhme (SDP): Ich wollte meinen Freund Carlo Jordan fragen, ob wir da genügend Psychiater zur Verfügung haben.

In: Uwe Thaysen (Hrsg.): Der Zentrale Runde Tisch. Wortprotokoll und Dokumente, Band II. Wiesbaden 2000 (Westdeutscher Verlag), S. 295.

Am Abend des 15. Januar 1990 wird die Zentrale der Staatssicherheit in Berlin-Lichtenberg von einer aufgebrachten Menge gestürmt

Räumung einer Waffenkammer der Staatssicherheit, Berlin 11. Januar 1990

Schweriner MfS-Auflöser fordern die Vernichtung von Unterlagen, 12. Februar 1990:

Nach der Regierungserklärung vom 1.2.1990 durch Herrn Modrow sehen wir die Sicherheit der Stasi-Akten in Zukunft nicht mehr gewährleistet. Durch den Zusammenschluss beider deutscher Staaten und die Bildung gemeinsamer Organe und Institutionen wird unser Land zum Wirkungsfeld für den Bundesverfassungsschutz, den BND und den MAD.

Wir haben die Auflösung der Stasi erkämpft. In seiner Arroganz hat das MfS nie mit dieser Situation gerechnet und entgegen allen Regeln der Konspiration keine diesbezügliche Konzeption erarbeitet. Im Stasi-Nachlass findet sich umfangreiches Informationsgut, ein Spiegel unserer Gesellschaft aus dem Blickwinkel dieses Geheimdienstes, riesige Dateien, Dossiers zu Privatpersonen, Massenorganisationen, Parteien, Institutionen, Betrieben, offiziellen und inoffiziellen Mitarbeitern der Stasi, Analysen zu allen unser Land betreffenden Fragen. Zur Auflösung dieses Geheimdienstes gehört konsequenterweise auch die Vernichtung all seiner Datenbanken!

Erlangen bundesdeutsche Geheimdienste Zugang zu diesen Stasi-Informationen, erhalten sie tiefen Einblick in unsere Privatsphären, die Personalstruktur unserer Betriebe, Institutionen und Organe. Ehemalige offizielle und inoffizielle Mitarbeiter des MfS können aufgedeckt beziehungsweise zur weiteren Mitarbeit gegen uns gezwungen werden. Wir kämen vom Regen in die Traufe! (...)

Für die Geschichtsschreibung sind Befehle, Weisungen, Führungs- und Stabsunterlagen wie auch Gerichtsunterlagen aufzubewahren. Letztere sind für Rehabilitierungen dringend erforderlich. (...)

Für alle Prozesse, gleich ob weitere Archivierung oder Vernichtung des Materials, ist unbedingt die Mitwirkung kompetenter, durch operative Arbeit unbelasteter Mitarbeiter des ehemaligen MfS erforderlich. Diese werden jedoch von Tag zu Tag weniger, weshalb dringend über die sofortige Übernahme des entsprechenden Personals (durch wen auch immer), vom Runden Tisch und dem Ministerrat verhandelt und entschieden werden muss.

Klaus Behnke und Thomas Schmidt, Kontrollkommission zur Auflösung des MfS/AfNS Bezirk Schwerin, 12. Februar 1990

In: Uwe Thaysen (Hrsg.): Der Zentrale Runde Tisch. Wortprotokoll und Dokumente. Band III. Wiesbaden 2000 (Westdeutscher Verlag), S. 752f.

zahlreiche weitere Kreis- und Bezirksämter unter Beschlag und versiegelten mit Hilfe von Staatsanwälten und Volkspolizei die Akten. Das Kollegium des AfNS erklärte am gleichen Tag geschlossen seinen Rücktritt, zwei Tage später entband Schwanitz achtzehn Spitzenkader von ihren Aufgaben. Die am 7. Dezember 1989 vom Zentralen Runden Tisch verlangte Auflösung des AfNS wurde noch einige Tage verzögert, aber am 14. Dezember erfüllte der Ministerrat auch diese Forderung.

Zugleich wollte die Regierung Modrow die Hauptverwaltung A als „Nachrichtendienst der DDR" (Leiter: HV A-Chef Generaloberst Werner Großmann) mit 4 000 Mitarbeitern weitgehend erhalten, sowie einen „Verfassungsschutz der DDR" mit 10 000 Mitarbeitern einrichten, deren Leiter der

Kapitel 8 Machtverfall und Auflösung

Zentraler „Runder Tisch" der DDR, Berlin-Niederschönhausen

Der Vertreter des Bundesinnenministeriums, Eckart Werthebach, über die Haltung der Bundesregierung zu den Stasi-Unterlagen, 22. August 1990:

Betreff: Gesetzentwurf über die Sicherung und Nutzung der personenbezogenen Daten des ehemaligen MfS. (...)

In einer Ressortbesprechung am 17. des Monats ist die Auffassung der betroffenen Bundesministerien und des Bundesbeauftragten für den Datenschutz mit folgendem Ergebnis ermittelt worden:

1. Dem von den Mitarbeitern des Ausschussvorsitzenden Gauck erarbeiteten Entwurf wird nachdrücklich widersprochen.
2. Nach einhelliger Auffassung müssen die Archivbestände zentral verwaltet werden. Eine zentrale Lagerung wird nachdrücklich befürwortet.
3. Die Leitung des Archivs soll einem Sonderbeauftragten unterstellt werden. Es wird vorgeschlagen, den Präsidenten des Bundesarchivs der Bundesrepublik Deutschland in Personalunion damit zu beauftragen. Eine solche Übertragung auf ein Organ der Bundesrepublik Deutschland ist nach Artikel 8 der verfassungsrechtlichen Grundsätze der DDR möglich.
4. Eine differenziertere Vernichtungsregelung wird unbedingt als erforderlich angesehen.
5. Die Bundesministerien halten auch nach dem Beitritt der DDR eine gesamtdeutsche gesetzliche Übergangsregelung für notwendig. Sie soll in Kraft bleiben, bis der gesamtdeutsche Gesetzgeber eine neue gesetzliche Regelung erlässt.

In: David Gill/Ulrich Schröter: Das Ministerium für Staatssicherheit. Anatomie des Mielke-Imperiums. Berlin 1991 (Rowohlt Berlin), S. 287.

Kapitel 8 Machtverfall und Auflösung

Besetzer im Archivgebäude des ehemaligen MfS, 1990

ehemalige Chef der Bezirksverwaltung für Staatssicherheit in Frankfurt/Oder, Generalmajor Heinz Engelhardt, werden sollte. Engelhardt wurde zugleich mit der Auflösung des AfNS beauftragt. Auch diese Pläne musste Ministerpräsident Modrow schließlich am 12. Januar 1990 aufgeben. Der öffentliche Druck durch Bürgerkomitees und die Oppositionsgruppen am Zentralen Runden Tisch war zu groß geworden.

Am 15. Januar übernahm in der Zentrale der Staatssicherheit in Berlin-Lichtenberg ein Bürgerkomitee in einer „Sicherheitspartnerschaft" mit Staatsanwaltschaft und Volkspolizei die Aufsicht, am Abend des gleichen Tages stürmte eine aufgebrachte Menge unter nicht abschließend geklärten Umständen das Gelände und verwüstete einen Teil der Räume. Das Amt für Nationale Sicherheit wurde bis zum 31. März 1990 aufgelöst, die Mitarbeiter aus dem Dienst entlassen bzw. teilweise von anderen staatlichen Stellen übernommen (wie die Passkontrolleinheiten durch die Grenztruppen der DDR). Die MfS-Auslandsspionage (Hauptverwaltung A) nutzte die Erlaubnis des Runden Tisches, sich in eigener Verantwortung bis zum 30. Juni 1990 aufzulösen, um ihre Akten fast vollständig zu vernichten.

Die enorme Menge unrechtmäßig gesammelter Informationen verunsicherte selbst die Bürgerrechtler. Aus Sorge vor Missbrauch stimmte der Runde Tisch im Februar 1990 zu, die Magnetbänder der elektronischen Zentraldatei zu zerstören. Über die Akten selbst sollte nach den anstehenden Wahlen das demokratische Parlament entscheiden. Zugleich begann eine kontroverse Debatte über den Zugang für Verfolgte, für juristische Rehabilitierungen, für die Ahndung von MfS-Straftaten, für die Säuberung wichtiger öffentlicher Positionen von ehemaligen Mitarbeitern und Zuträgern und für die historische Aufarbeitung.

In der frei gewählten Volkskammer setzte sich schließlich die Auffassung durch, die MfS-Unterlagen unter Wahrung des Persönlichkeitsschutzes zu öffnen. Die Abgeordneten schlossen sich damit dem Argument an, die „Einsicht in die eigene Akte" als Schritt zu einem selbstbestimmten Leben zu ermöglichen und dem Leitbild des souveränen Staatsbürgers zu folgen. Sie setzten sich damit über erhebliche Widerstände hinweg: Die alten SED- und MfS-Kader waren ohnehin dagegen, doch auch der neue DDR-Ministerpräsident Lothar de Maizière (CDU) befürchtete „Mord und Totschlag". Westliche Sicherheitskreise hätten aus Sorge vor unangenehmen Offenbarungen im Geiste der nachrichten-

Gesetz über die Sicherung und Nutzung der personenbezogenen Daten des ehemaligen Ministeriums für Staatssicherheit/Amtes für Nationale Sicherheit, 24. August 1990:

§ 1: Zweck dieses Gesetzes ist,
1. die politische, historische und juristische Aufarbeitung der Tätigkeit des ehemaligen Ministeriums für Staatssicherheit/Amtes für Nationale Sicherheit (nachfolgend ehemaliges MfS/AfNS genannt) zu gewährleisten und zu fördern,
2. den einzelnen davor zu schützen, dass er durch unbefugten Umgang mit den vom ehemaligen MfS/AfNS über ihn gesammelten personenbezogenen Daten in seinen Persönlichkeitsrechten beeinträchtigt wird,
3. den Zugriff auf die personenbezogenen Daten des ehemaligen MfS/AfNS für die Rehabilitierung zu ermöglichen,
4. Beweismittel im Rahmen von Strafverfahren, die im Zusammenhang mit der Tätigkeit des ehemaligen MfS/AfNS durchgeführt werden, zur Verfügung zu stellen sowie
5. die parlamentarische Kontrolle der Sicherung und Nutzung der personenbezogenen Daten des ehemaligen MfS/AfNS zu gewährleisten.

Bundesgesetzblatt I 1991, S. 2272

dienstlichen Staatsräson die Akten gerne vernichtet oder verschlossen gesehen, und mancher Politiker wäre ihnen darin gerne gefolgt. Es bedurfte schließlich eines Hungerstreiks von Stasi-Auflösern und Bürgerrechtlern in der ehemaligen MfS-Zentrale in Berlin-Lichtenberg, damit die Grundsätze des Volkskammergesetzes zum Bestandteil des Einigungsvertrages gemacht wurden. Sie bildeten dann den Kern des 1991 vom Deutschen Bundestag beschlossenen Stasi-Unterlagengesetzes.

Damit war der Weg frei für die nach Art und Maß einmalige Öffnung der Akten eines Geheimdienstes. Zum „Bundesbeauftragten für die Stasi-Unterlagen" wählte der Bundestag 1991 den früheren Pfarrer und Volkskammerabgeordneten vom Bündnis 90, Joachim Gauck, der bereits den zuständigen Ausschuß der Volkskammer geleitet und seit dem 3. Oktober 1990 als Sonderbeauftragter der Bundesregierung die Akten verwaltet hatte. Die öffentliche Debatte über das Stasi-Erbe ist bis zum Ende seiner beiden Amtsperioden im Oktober 2000 kontrovers geblieben. Doch trotz von Zeit zu Zeit wiederkehrender Rufe nach einem Schlussstrich und der Klage über den anrüchigen Charakter der Unterlagen stellt heute (außer den Postkommunisten der PDS) keine politische Kraft die Aktenöffnung grundsätzlich in Frage, und viele Hunderttausende aus Ost und West haben die Chance genutzt, sich ein Bild von „ihrer" Stasi-Akte zu machen.

Letzte „Montagsdemonstration" vor der Volkskammerwahl in Leipzig, 12. März 1990

Chronik

Sitz der Sowjetischen Militäradministration in Deutschland, Berlin-Karlshorst

1945

8.5. Bedingungslose Kapitulation Deutschlands.
5.6. Die Siegermächte Frankreich, Großbritannien, Sowjetunion und USA übernehmen die oberste Regierungsgewalt in Deutschland und bilden den Alliierten Kontrollrat.
9.6. Einrichtung der Sowjetischen Militäradministration in Deutschland (SMAD) mit Sitz in Berlin-Karlshorst.
1.–4.7. Rückzug der Westalliierten aus den von ihnen besetzten Gebieten in Sachsen, Sachsen-Anhalt, Thüringen und Mecklenburg. Im Gegenzug werden von ihnen die Westsektoren Berlins besetzt.
14.7. Bildung der „Einheitsfront der antifaschistisch-demokratischen Parteien" in der Sowjetischen Besatzungszone (SBZ).
17.7.–2.8. Konferenz der Siegermächte (außer Frankreich) in Potsdam, Abschluss des Potsdamer Abkommens.
3.–11.9. Verordnungen der Provinz- und Landesverwaltungen zur Durchführung der Bodenreform in der SBZ, sie beinhalten u.a. die entschädigungslose Enteignung von Landbesitz über 100 ha.
1.10. Die SMAD genehmigt die Bewaffnung der Polizei.

1946

21./22.4. Vereinigungsparteitag von KPD und SPD der SBZ in Berlin, Gründung der Sozialistischen Einheitspartei Deutschlands (SED), Vorsitzende werden Wilhelm Pieck (KPD) und Otto Grotewohl (SPD).
30.6. Volksentscheid in Sachsen billigt die Enteignung der Großbetriebe von „Kriegs- und Naziverbrechern".
30.7. Bildung der Deutschen Verwaltung des Innern (DVdI) zur Koordination der Polizei in der SBZ. Präsident der DVdI wird Erich Reschke, vorher Landespolizeichef von Thüringen, Vizepräsidenten werden Erich Mielke, Willi Seifert und Kurt Wagner.
20.10. Wahlen zu den Land- und Kreistagen in der SBZ, die SED erreicht nicht die absolute Mehrheit (47,5 Prozent).
1.12. Die SMAD weist den Aufbau der Deutschen Grenzpolizei (DGP) in der SBZ an.

1947

11.6. SMAD-Befehl 138/47: Einrichtung der Deutschen Wirtschaftskommission (DWK) als erstes zentrales Verwaltungsorgan in der SBZ.
16.8. SMAD-Befehl 201/47 zur Entnazifizierung und vollständigen Säuberung aller öffentlichen Ämter und der Wirtschaft „von aktiven Faschisten, Militaristen und Kriegsverbrechern".

1948

26.2. SMAD-Befehl 35/48: Auflösung der Entnazifizierungskommissionen in der SBZ, Abschluss der Entnazifizierung bis 10.3.1948. Insgesamt wurden über eine halbe Million Personen aus Dienststellen und staatlichen Einrichtungen entfernt.
20.3. Die sowjetischen Vertreter verlassen den Alliierten Kontrollrat, der damit arbeitsunfähig wird.
5.5. Die DWK beschließt die Einrichtung eines Ausschusses zum Schutz des Volkseigentums (ASV).

Erich Mielke als Vizepräsident der Deutschen Verwaltung des Innern, 1946–1949

20.6. Währungsreform in den drei westlichen Besatzungszonen.
23.6. Einführung der D-Mark auch in den Westsektoren Berlins.
24.6. Die Sowjetunion verhängt eine Blockade über die Westsektoren Berlins.
24.–28.6. Währungsreform in der SBZ und Ost-Berlin.
12.7. Ablösung des Präsidenten der DVdI, Erich Reschke, durch den sächsischen Innenminister Kurt Fischer (SED).
18.7. Die USA nehmen die Luftbrücke zur Versorgung West-Berlins auf.
3.7. Die Deutsche Volkspolizei (VP) stellt kasernierte Bereitschaften auf.
16.9. Die SED beschließt die Einrichtung einer „Zentralen Parteikontrollkommission" (ZPKK).
28.12. Beschluss des Politbüros der KPdSU zur Bildung des MfS-Vorläufers „Hauptverwaltung zum Schutz der Volkswirtschaft".

1949

14.1. Befehl Nr. 2 des Präsidenten der DVdI zur „Reinigung der Polizei von unerwünschten Elementen".
25.–28.1. 1. Parteikonferenz der SED: Bildung eines Politbüros, Einführung des demokratischen Zentralismus als Organisationsprinzip.
6.5. Die Dezernate und Kommissariate K 5 werden aus der Kriminalpolizei herausgelöst. Unter der Führung von Erich Mielke werden eigenständige Organisationseinheiten einer politischen Polizei gebildet, die nach Gründung der DDR als Hauptverwaltung zum Schutze der Volkswirtschaft in das neu gebildete Ministerium des Innern (MdI) eingehen.
12.5. Ende der „Berlin-Blockade".
23.5. Das Grundgesetz wird verkündet, Konstituierung der Bundesrepublik Deutschland.
7.10. Gründung der Deutschen Demokratischen Republik (DDR), Umbildung des Deutschen Volksrates zur Provisorischen Volkskammer der DDR. Erste Verfassung der DDR tritt in Kraft.
10.10. Verwaltungsfunktionen werden an die Provisorische Regierung der DDR übertragen. An die Stelle der SMAD tritt die Sowjetische Kontrollkommission (SKK).
11.10. Wilhelm Pieck wird Präsident der DDR.

1950

24.1. Das SED-Politbüro beschließt die Bildung des Ministeriums für Staatssicherheit.
26.1. Die DDR-Regierung verabschiedet einen „Beschluss über die Abwehr von Sabotage" und empfiehlt ebenfalls die Bildung des MfS.
8.2. „Gesetz über die Bildung eines Ministeriums für

Der Präsident des Deutschen Volksrates, Wilhelm Pieck verliest das Manifest zur Gründung der DDR, 7. Oktober 1949

Staatssicherheit" (MfS), durch einstimmigen Beschluss der Volkskammer der DDR.
16.2. Wilhelm Zaisser wird zum Minister für Staatssicherheit, Erich Mielke zum Staatssekretär ernannt.
26.4. Beginn der „Waldheimer Prozesse". In Waldheim in Sachsen werden die von der sowjetischen Besatzungsmacht nach Auflösung der Internierungslager nicht freigelassenen Gefangenen der deutschen Gerichtsbarkeit übergeben. Vor einem Sondergericht werden bis Juni mehr als 3400 Menschen im Schnellverfahren abgeurteilt und 32 Todesstrafen verhängt.
20.–24.7. III. Parteitag der SED: Verabschiedung eines neuen Parteistatuts und Umwandlung des Parteivorstandes in ein Zentralkomitee (ZK).
25.7. Das Zentralkomitee der SED wählt das Politbüro, das Sekretariat des ZK und die Zentrale Parteikontrollkommission. Vorsitzende werden Wilhelm Pieck und Otto Grotewohl, Generalsekretär des ZK wird Walter Ulbricht.
23.8. Verhaftung von Leo Bauer, Chefredakteur des Deutschlandsenders. Beginn von Parteisäuberungen.
25.8. Verhaftung von Willi Kreikemeyer, Generaldirektor der Deutschen Reichsbahn.
26./27.10. Das ZK der SED beschließt die Überprüfung aller Parteimitglieder und Kandidaten der Partei.

1951

1.3. Das zentrale sowjetische Untersuchungsgefängnis in Berlin-Hohenschönhausen wird dem Ministerium für Staatssicherheit übergeben und als zentrales Untersuchungsgefängnis des MfS weitergeführt.

Chronik

16.6. In Potsdam-Eiche wird die Schule des MfS für die politische Schulung und die Ausbildung der Mitarbeiter in der operativen Arbeit eröffnet.

16.8. Auf Beschluss des KPdSU-Politbüros: Gründung des Außenpolitischen Nachrichtendienstes (APN) unter der Tarnbezeichnung „Institut für wirtschaftswissenschaftliche Forschung beim Ministerium für Auswärtige Angelegenheiten".

1952

10.3. „Stalin-Note" der UdSSR an die drei Westmächte: Forderung nach einem neutralen einheitlichen Deutschland.

25.3. Die Westmächte lehnen die Stalin-Note ab: Wertung als Störmanöver gegen die Westintegration der Bundesrepublik Deutschland, Forderung nach freien Wahlen unter UN-Aufsicht.

8.5. Die DDR-Regierung kündigt den Aufbau „nationaler Streitkräfte" an.

13.5. Die Deutsche Grenzpolizei (DGP) wird dem MfS unterstellt.

26./27.5. Einrichtung einer 5 km breiten Sperrzone entlang der Demarkationslinie zur Bundesrepublik Deutschland; Beginn der Zwangsumsiedlung von über 12 000 Menschen.

1.7. Die Hauptverwaltung Ausbildung mit den VP-Bereitschaften im Ministerium des Innern (MdI) erhält die Bezeichnung Kasernierte Volkspolizei (KVP).

8.7. Walter Linse, Mitarbeiter des Untersuchungsausschusses Freiheitlicher Juristen, wird vom MfS aus West-Berlin entführt.

MfS-Untersuchungshaftanstalt Berlin-Hohenschönhausen (Aufnahme von 1990)

9.–12.7. Die 2. Parteikonferenz der SED proklamiert den „planmäßigen Aufbau des Sozialismus in der DDR".

23.7. Als Folge der administrativen Neugliederung der DDR (Auflösung der Länder, Schaffung von 14 Bezirken und 217 Kreisen) werden die MfS-Landesverwaltungen aufgelöst und in Bezirksverwaltungen umgewandelt sowie zusätzliche Kreisdienststellen geschaffen.

1.8. Die Transportpolizei wird dem MfS unterstellt.

7.8. Gründung der paramilitärischen „Gesellschaft für Sport und Technik" (GST) in der DDR.

20.–27.11. Prager Schauprozess gegen das „staatsfeindliche Verschwörerzentrum Slánský".

1.12. Der im Slánský-Prozess belastete Paul Merker wird verhaftet.

11.12. DDR-Handelsminister Karl Hamann wird wegen „Sabotage an der Versorgung" verhaftet und 1954 zu 10 Jahren Haft verurteilt.

15.12. Ernennung von Markus Wolf zum Leiter des Außenpolitischen Nachrichtendienstes.

1953

4.1. Das „Neue Deutschland" veröffentlicht die „Lehren aus dem Prozess gegen das Verschwörerzentrum Slánský".

15.1. Der Außenminister der DDR und stellvertretende Vorsitzende der CDU, Georg Dertinger, wird verhaftet.

5.3. Tod Stalins.

21.4. Die Evangelische Kirche protestiert gegen den Kirchenkampf der SED und das Vorgehen der Regierung gegen die „Junge Gemeinde" und die evangelische Studentengemeinde.

28.4. Das MdI der DDR bezeichnet die „Junge Gemeinde" als illegal.

13./14.5. 13. Tagung des Zentralkomitees der SED: Beschluss über eine Erhöhung der Arbeitsnormen um mindestens 10 Prozent.

29.5. Die Sowjetische Kontrollkommission (SKK) wird aufgelöst, Bildung des Amtes eines „Hohen Kommissars der UdSSR in Deutschland", Berufung von Wladimir S. Semjonow zum Hohen Kommissar.

9.–11.6. Das Politbüro der SED übt Selbstkritik. Ein „Neuer Kurs" wird verkündet. Die Maßnahmen zum Aufbau des Sozialismus werden zurückgenommen, die erhöhten Arbeitsnormen bleiben aber bestehen.

16.6. Streik der Ostberliner Bauarbeiter gegen die Erhöhung der Arbeitsnormen.

17.6. Volksaufstand in der DDR. Verhängung des Ausnahmezustandes durch die sowjetische Besatzungsmacht. Niederschlagung des Aufstandes durch sowjetische Truppen.

21.6. Das ZK der SED erklärt den Volksaufstand zu einem vom Westen gelenkten „faschistischen Putsch".

Chronik

DDR-Außenminister Georg Dertinger (2. von rechts) nahm am 30. Dezember 1952 in der Polnischen Diplomatischen Mission in Berlin einen hohen Orden der polnischen Regierung entgegen. Zwei Wochen später wurde er wegen „Spionage" von der Staatssicherheit festgenommen und im Juni 1954 zu 15 Jahren Haft verurteilt

26.6. Der Leiter des sowjetischen Geheimdienstes, Volkskommissar und Minister des Innern, Lawrentij Berija, wird in Moskau verhaftet und am 23. 12. hingerichtet.

27.6. Ausgliederung der Deutschen Grenzpolizei aus dem MfS in das Ministerium des Innern.

18.–23.7. Entlassung von Wilhelm Zaisser, neuer Chef der Staatssicherheit wird Ernst Wollweber. Eingliederung des MfS als Staatssekretariat für Staatssicherheit (StfS) in das MdI. Der Außenpolitische Nachrichtendienst (APN) wird als Hauptabteilung XV in den Staatssicherheitsdienst eingegliedert.

24.–26.7. 15. Tagung des ZK der SED: Zaisser und Herrnstadt werden aus dem ZK ausgeschlossen; Walter Ulbricht wird zum Ersten Sekretär (bisher Generalsekretär) des ZK gewählt.

23.9. In einem Politbürobeschluss werden die bereits seit 1950 wahrgenommenen Aufgaben im Wesentlichen bestätigt.

November Beginn der Aktion „Feuerwerk": Verhaftungswellen in der DDR wegen angeblicher Agententätigkeit und Entführungen aus dem Westen in den Machtbereich der SED.

15.12. Walter Linse wird in Moskau hingerichtet.

1954

23.1. Wilhelm Zaisser wird aus der SED ausgeschlossen.

9.6. Der ehemalige Außenminister Dertinger wird wegen „Spionage" zu 15 Jahren Zuchthaus verurteilt.

1955

25.1. Die Sowjetunion erklärt den Kriegszustand mit Deutschland für beendet.

17.3. Überführung der VP-Bereitschaften in das Staatssekretariat für Staatssicherheit.

30.3. Paul Merker wird zu 8 Jahren Zuchthaus verurteilt.

1.5. Die Wacheinheiten der Staatssicherheit werden – bis auf das Wachregiment Berlin – in „Innere Truppen" umbenannt.

1.5. Erstmals bewaffnete „Kampfgruppen der Arbeiterklasse" bei Maidemonstrationen.

5.5. Die Bundesrepublik Deutschland erhält die staatliche Souveränität und wird Mitglied der NATO.

14.5. Die DDR wird Mitglied des Warschauer Paktes.

15.5. Die Deutsche Grenzpolizei (DG) wird wieder in das Staatssekretariat für Staatssicherheit eingegliedert.

20.9. Die DDR erhält durch die UdSSR die staatliche Souveränität.

1.11. Die Schule des MfS Potsdam-Eiche wird intern zur Hochschule erhoben.

24.11. Das Staatssekretariat für Staatssicherheit wird wieder Ministerium (MfS). Minister: Ernst Wollweber; Erster Stellvertreter: Erich Mielke.

1956

27.1. Paul Merker wird aus der Haft entlassen.

14.–25.2. XX. Parteitag der KPdSU in Moskau; Geheimrede Chruschtschows markiert den Beginn der

Sowjetische Panzer im Einsatz gegen Aufständische in Ungarn, 1956

Chruschtschow und Mielke (rechts) bei einem Jagdausflug, hinten links Markus Wolf, 1959

Entstalinisierung in den staatssozialistischen Ländern.
1.3. Bildung der Nationalen Volksarmee (NVA) aus den Einheiten der KVP; Gründung des Ministeriums für Nationale Verteidigung.
7.–11.3. Konferenz der osteuropäischen Geheimdienste in Moskau. Das MfS wird gleichberechtigtes Mitglied.
24.–30.3. 3. Parteikonferenz der SED.
1.5. Die Hauptabteilung XV des MfS wird in Hauptverwaltung A (HV A) umbenannt. Leiter bleibt Markus Wolf.
Ab Juni Im Zuge der Entstalinisierung Entlassung von etwa 25 000 Häftlingen.
27.–29.7. 28. Tagung des ZK der SED, Rehabilitierung von hohen Parteifunktionären, „Dogmatismus" wird kritisiert.
17.8. Die KPD wird in der Bundesrepublik verboten.
19.10. Der Reformer Gomulka wird Führer der polnischen Kommunisten.
24.10. Volksaufstand in Ungarn gegen die kommunistische Regierung, der von sowjetischen Streitkräften niedergeschlagen wird.
29.11. Wolfgang Harich wird wegen „Bildung einer staatsfeindlichen Gruppe" festgenommen, Walter Janka am 6. Dezember.

1957

15.2. Die Inneren Truppen des MfS (Hauptverwaltung Innere Sicherheit) werden in das MdI eingegliedert. Das Wachregiment Berlin bleibt der einzige militärische Verband des MfS.
1.3. Die Grenzpolizei wird wieder dem MdI unterstellt.
9.3. Wolfgang Harich wird als Leiter der oppositionellen „Harich-Gruppe" zu 10 Jahren Zuchthaus verurteilt.
26.7. Walter Janka wird zu 5 Jahren Zuchthaus verurteilt.
4.10. Die Sowjetunion startet den ersten Weltraumsatelliten „Sputnik 1".
16.–19.10. 33. ZK-Plenum der SED, Revisionismuskritik an Ernst Wollweber und anderen.
1.11. Erich Mielke wird Minister für Staatssicherheit für den aus „gesundheitlichen Gründen" zurückgetretenen Ernst Wollweber.
11.12. Die Volkskammer beschließt ein neues Passgesetz, um u.a. die Zahl der Westreisen zu reduzieren. Republikflucht wird kriminalisiert.

1958

29.5. In der DDR werden die Lebensmittelkarten abgeschafft.
10.–16.7. V. Parteitag der SED.
27.10. Walter Ulbricht erklärt Ost-Berlin zum Hoheitsgebiet der DDR.

1959

11.5.–20.6./13.7.–5.8. Außenministerkonferenz der Vier Mächte in Genf, Delegationen aus beiden deutschen Staaten nehmen als Beobachter teil.

1960

10.2. Die Volkskammer beschließt das Gesetz über die Bildung des „Nationalen Verteidigungsrates" (NVR). Der Minister für Staatssicherheit ist Mitglied des NVR.
14.4. Abschluss der Kollektivierung der Landwirtschaft in der DDR.
8.9. Genehmigungspflicht für Einreisen von Bundesbürgern nach Ost-Berlin.
12.9. Nach dem Tode des Staatspräsidenten Pieck wird Walter Ulbricht Vorsitzender des neu geschaffenen Staatsrates der DDR.
23.12. Walter Janka wird aus der Haft entlassen.

1961

16.6. Das MfS entführt den ehemaligen SED-Funktionär und Redakteur der Gewerkschaftszeitung „Metall" Heinz Brandt aus West-Berlin.
13.8. Schließung der DDR-Grenze zu West-Berlin, Beginn des Mauerbaus in Berlin.
15.9. Die Deutsche Grenzpolizei (DGP) wird in Grenztruppen der DDR umbenannt und dem Ministerium für Nationale Verteidigung unterstellt. Der Nachrichtendienst der DGP, die „operative Grenzaufklärung", wird in die Hauptabteilung I des MfS eingegliedert.
20.9. Die Volkskammer verabschiedet das „Gesetz zur Verteidigung der DDR".
17.–31.10. XXII. Parteitag der KPdSU, zweite Entstalinisierungswelle.
13.11. Stalinstadt wird in Eisenhüttenstadt und die Ostberliner Stalinallee in Karl-Marx-Allee umbenannt.

1962

24.1. Die Volkskammer beschließt das Gesetz über die allgemeine Wehrpflicht in der DDR einschließlich Ost-Berlin.
10.5. Heinz Brandt wird zu 15 Jahren Zuchthaus verurteilt.
1.6. Die Sabotageeinheit der NVA (Verwaltung 15) wird in das MfS eingegliedert.
17.8. Der 18-jährige Ostberliner Peter Fechter wird bei einem Fluchtversuch an der Berliner Mauer angeschossen und verblutet wegen unterlassener Hilfeleistung.

1963

24.–25.6. Die Wirtschaftskonferenz des ZK der SED beschließt mit dem „Neuen ökonomischen System der Planung und Leitung der Volkswirtschaft" (NÖSPL) eine Wirtschaftsreform.
17.12. Erstes Passierscheinabkommen zwischen der Regierung der DDR und dem Senat von West-Berlin;

Die Leiche des an der Berliner Mauer verbluteten Peter Fechter wird von DDR-Grenzpolizisten geborgen

West-Berliner können Verwandte in Ost-Berlin zu Weihnachten und Neujahr besuchen.

1964

21.1. Befehl zur Ausbildung von militärischen Einzelkämpfern im MfS (Funker, Taucher, Fallschirmspringer, Sprengspezialisten).
12./13.3. Robert Havemann, Professor an der Humboldt-Universität, wird als Wortführer eines oppositionellen demokratischen Kommunismus in der DDR aus der SED ausgeschlossen und von seinen „Verpflichtungen an der Universität entbunden".
1.9. Die Volkskammer bestätigt Straffreiheit für „Republikflüchtlinge", die vor dem 13. August 1961 die DDR verließen.
7.9. Einführung des Wehrdienstes als Bausoldat ohne Waffe in der NVA.
6.10. Amnestie: Etwa 10 000 Häftlinge (kriminelle und politische) kommen in der Folge frei. Unter ihnen sind Georg Dertinger, Wolfgang Harich und Heinz Brandt.
14.10. In der Sowjetunion wird KPdSU-Parteichef Chruschtschow gestürzt, Nachfolger wird Leonid Breschnjew.
25.11. Einführung eines Mindestumtausches für private Besucher aus der Bundesrepublik, West-Berlin und allen anderen nichtsozialistischen Staaten.

Chronik

Öffnung des Grenzübergangs Oberbaumbrücke durch die Volkspolizei am 19. Dezember 1965

1965

29.6. Der MfS-Hochschule Potsdam-Eiche wird offiziell der Status einer „Hochschule für die juristische Ausbildung" verliehen.
3.12. Erich Apel, Kandidat des Politbüros und Vorsitzender der Staatlichen Plankommission, begeht Selbstmord. Nachfolger wird Gerhard Schürer.

5.12. Die SED-Parteizeitung „Neues Deutschland" eröffnet die Kampagne gegen den „Liedermacher" Wolf Biermann, der in seinen Liedern und Texten die SED-Führung kritisiert.
15.–18.12. 11. Plenum des ZK beschließt die zweite Etappe des „Neuen ökonomischen Systems" und übt rigorose Kritik an unbotmäßigen Schriftstellern und Künstlern („Kahlschlagplenum").

1966

12.1. Der Minister für Kultur, Hans Bentzien, wird wegen „ernster Fehler" abberufen, Nachfolger wird Klaus Gysi.
9.5. Erstes Atomkraftwerk der DDR wird in Rheinsberg in Betrieb genommen.
10.10. In West-Berlin wird die Passierscheinstelle für dringende Familienangelegenheiten eröffnet.

1967

1.6. Erlass der MfS-Mobilmachungsdirektive 1/67, die u.a. die Planung von Isolierungslagern für Regimegegner vorsieht.
1.–18.8. Einseitige Grenzmarkierung an der gesamten „Staatsgrenze/West", die ersten Metallgitterzäune werden errichtet.
18.8. Verurteilung von 37 „Fluchthelfern". Beginn einer Prozesswelle.
15.12. Verleihung des Ehrennamens „Feliks E. Dzierzynski" an das Wachregiment des MfS.

1968

29./30.1. Alexander Dubček, Chef der KP in der Tschechoslowakei, fährt zu Gesprächen über „Reformpolitik" nach Moskau.
6.4. Volksentscheid über eine neue DDR-Verfassung, in der die führende Rolle der SED verankert ist.
11.6. Die Juristische Hochschule des MfS erhält offiziell das Promotionsrecht.
11.6. Die DDR führt Pass- und Visapflicht im Reise- und Transitverkehr zwischen der Bundesrepublik und West-Berlin ein.
20.–21.8. Okkupation der ČSSR durch Truppen der Warschauer-Pakt-Staaten, Niederschlagung des Prager Frühlings.
21.–28.10. Demonstranten gegen den Einmarsch in die ČSSR werden in Ost-Berlin abgeurteilt.
12.11. Breschnjew-Doktrin: Verpflichtung zur „militärischen Hilfe" bei drohender Abspaltung vom Sowjetimperium.

Demonstration gegen die sowjetische Besetzung auf dem Wenzelsplatz in Prag, 1968

1969

1.1. An der innerdeutschen Grenze werden die ersten Beton-Beobachtungstürme errichtet.
30.7. Der Nationale Verteidigungsrat bestätigt das geheime Statut des MfS.
21.10. Willy Brandt wird erster sozialdemokratischer Bundeskanzler.

1970

1.1. An der innerdeutschen Grenze beginnt die Montage von Selbstschussanlagen SM 70 (Splitterminen).
19.3. Bundeskanzler Willy Brandt und der Vorsitzende des DDR-Ministerrats Willi Stoph treffen in Erfurt zusammen.
26.3. Beginn der Vier-Mächte-Verhandlungen über Berlin.
21.5. Zweites Treffen von Willy Brandt und Willi Stoph in Kassel.
12.8. Unterzeichnung des „Moskauer Vertrages" über Gewaltverzicht und die Normalisierung der Beziehungen zwischen der Sowjetunion und der Bundesrepublik Deutschland.
4.11. Die Fachschule des MfS wird eröffnet.
27.11. Beginn der Gespräche zwischen Michael Kohl, Staatssekretär beim Ministerrat der DDR, und Egon Bahr, Staatssekretär im Bundeskanzleramt.

1971

1.1. Bildung der Hauptabteilung VI im MfS durch Zusammenlegen von Einheiten der Passkontrollen und der „Sicherung des Reiseverkehrs".
21.1. Brief an Breschnjew, in dem 13 von 20 Mitgliedern und Kandidaten des Politbüros der SED den „freiwilligen" Rücktritt Ulbrichts fordern.

31.1. Der Telefonverkehr zwischen beiden Teilen Berlins wird nach 19-jähriger Unterbrechung wieder aufgenommen.
24.2. Der Ministerratsvorsitzende Willi Stoph schlägt dem Regierenden Bürgermeister von West-Berlin, Klaus Schütz, Verhandlungen über Besuchsmöglichkeiten von West-Berlinern vor (Beginn der Gespräche am 6. März).
30.3. XXV. Parteitag der KPdSU, Ulbricht in Moskau.
12.4. Ulbricht wird von Breschnjew zum Rücktritt aufgefordert.
3.5. 16. Plenum des ZK der SED: Ulbricht tritt als Erster Sekretär des ZK zurück, bleibt aber Staatsratsvorsitzender. Sein Nachfolger wird Erich Honecker.
6.5. Im MfS wird zur Absicherung von Großereignissen der „Zentrale Operativstab" (ZOS) gebildet.
15.–19.5. VIII. Parteitag der SED: Erich Mielke wird Kandidat des Politbüros des ZK der SED.
24.6. Erich Honecker wird Vorsitzender des Nationalen Verteidigungsrates.
1.7. Neugründung der Abteilung III im MfS, ab 1985 Hauptabteilung III, zuständig für die Funkspionage.
1.7. Einführung von Auslandsporto für Postsendungen aus der DDR nach West-Berlin und der Bundesrepublik.
3.9. Das Vier-Mächte-Abkommen über Berlin wird unterzeichnet.
17.12. Unterzeichnung des Transitabkommens zwischen der Bundesrepublik Deutschland und der DDR.

1972

6.1. Erich Honecker bezeichnet die Bundesrepublik erstmals als „Ausland".
1.6. Bildung der Arbeitsgruppe XVII im MfS, zuständig für den Betrieb der Besucherbüros in West-Berlin.

Willy Brandt und Willi Stoph bei den Verhandlungen in Erfurt

Staatssekretär Egon Bahr (rechts) und DDR-Staatssekretär Michael Kohl (links) paraphieren am 8. November 1972 den deutsch-deutschen Grundlagenvertrag in Bonn

Bundeskanzler Willy Brandt mit seinem persönlichen Referenten, dem – noch nicht enttarnten – DDR-Spion Günter Guillaume (Bildmitte) auf einer Wahlkampfveranstaltung in Darmstadt am 4. November 1972

3.6. Das Transitabkommen zwischen der Bundesrepublik Deutschland und der DDR tritt in Kraft.
6.10. Amnestie für 32 000 politische und kriminelle Straftäter. Davon werden 2 000 Häftlinge in die Bundesrepublik entlassen.
16.10. Die Volkskammer verabschiedet das „Gesetz zur Regelung von Fragen der Staatsbürgerschaft". Personen, die vor 1972 die DDR verlassen haben, werden aus der Staatsbürgerschaft entlassen.
21.12. Unterzeichnung des Grundlagenvertrages.

1973

7.3. Die DDR lässt dauerhaft die Akkreditierung westlicher Journalisten zu.
21.6. Der Grundlagenvertrag tritt in Kraft.
28.7.–5.8. In Ost-Berlin finden die X. Weltfestspiele der Jugend und Studenten statt.
1.8. Walter Ulbricht stirbt im Alter von 80 Jahren.
18.9. Die DDR und die Bundesrepublik Deutschland werden Mitglieder der Vereinten Nationen (UNO).
5.11. Die DDR verdoppelt die Mindestumtauschsätze für private Besucher aus nichtsozialistischen Staaten und West-Berlin.
19.12. DDR-Bürger dürfen mit Devisen in „Intershops" einkaufen.

MfS-Luftaufnahmen von der Ständigen Vertretung der Bundesrepublik in Ost-Berlin, Hannoversche Straße

1974

1.1. DDR-Fahrzeuge müssen im internationalen Verkehr das Länderkennzeichen „DDR" anstelle des bisherigen „D" tragen.
24.4. Günter Guillaume, Referent im Bundeskanzleramt, wird als DDR-Spion enttarnt und verhaftet.
2.5. Die „Ständigen Vertretungen" der Bundesrepublik Deutschland (Ost-Berlin) und der DDR (Bonn) werden eröffnet.
3.5. Der Nationale Verteidigungsrat bestätigt den „Schußwaffeneinsatz gegen Grenzverletzer".
4.9. Die USA und die DDR nehmen diplomatische Beziehungen auf.
26.10. Die Mindestumtauschsätze für private Besucher aus nichtsozialistischen Staaten und West-Berlin werden gesenkt.
17.11. Hirtenbrief der katholischen Bischöfe in der DDR gegen das staatliche Erziehungsmonopol.
23./24.11. Unterzeichnung der SALT-Vereinbarungen durch die Sowjetunion (Breschnjew) und die USA (Ford).

1975

30.7.–1.8. Abschlusskonferenz der KSZE in Helsinki; Unterzeichnung der Schlussakte.
1.8. Befehl zur Bildung der Zentralen Koordinierungsgruppe (ZKG) im MfS zur Bekämpfung von Westfluchten und Ausreiseanträgen.
16.12. Nach einem Bericht des „Spiegel" über „Zwangsadoptionen" in der DDR wird dem Korrespondenten Jörg Mettke die Arbeitserlaubnis entzogen.

1976

30.3. Das Post- und Fernmeldeabkommen zwischen beiden deutschen Staaten wird unterzeichnet.

23.4. In Ost-Berlin wird der Palast der Republik eröffnet.
1.5. Der freigekaufte ehemalige politische Häftling Michael Gartenschläger wird bei dem Versuch, Selbstschussgeräte an der innerdeutschen Grenze abzubauen, erschossen.
18.–22.5. IX. Parteitag der SED: Erich Honecker nimmt den Titel Generalsekretär der SED an, Erich Mielke wird Mitglied des Politbüros des ZK der SED.
18.8. Selbstverbrennung des evangelischen Pfarrers Oskar Brüsewitz vor der Michaeliskirche in Zeitz.
29.10. Erich Honecker wird Staatsratsvorsitzender.
16.11. Wolf Biermann wird nach einem Gastspiel in der Bundesrepublik Deutschland die Wiedereinreise in die DDR verweigert und das „Recht auf weiteren Aufenthalt in der DDR entzogen".
26.11. Robert Havemann wird unter Hausarrest gestellt.

1977

1.1. Gründung der Menschenrechtsgruppe „Charta 77" in der Tschechoslowakei.
23.8. Rudolf Bahros regimekritisches Buch „Die Alternative" wird in der Bundesrepublik veröffentlicht. Bahro wird vom MfS festgenommen und im Juni 1978 zu 8 Jahren Haft verurteilt.
26.8. Der Schriftsteller Jürgen Fuchs sowie die Musiker Christian Kunert und Gerulf Pannach, die Ende 1976 von der Staatssicherheit wegen Protesten gegen die Ausbürgerung Biermanns verhaftet worden waren, werden entlassen und nach West-Berlin abgeschoben.
7.10. Bei Ausschreitungen auf dem Ostberliner Alexanderplatz nach einem Rockkonzert werden drei Menschen getötet und 200 verletzt.

1978

6.3. Treffen zwischen Erich Honecker und dem Vorstand der Konferenz der Evangelischen Kirchenleitungen in der DDR, Leitung: Bischof Albrecht Schönherr.
1.9. An den Schulen der DDR wird der obligatorische Wehrunterricht eingeführt.
17.9. Selbstverbrennung des evangelischen Pfarrers Rolf Günther in Falkenstein/ Vogtland.
13.10. Die Volkskammer beschließt das neue „Gesetz über die Landesverteidigung der DDR".

1979

19.1. Werner Stiller, Oberleutnant der MfS-Auslandsspionage, läuft zum Bundesnachrichtendienst über.

Selbstschussanlage SM 70

16.4. DDR-Bürger dürfen in den Intershops nicht mehr mit D-Mark bezahlen, Einführung von so genannten „Forumschecks".
22.–25.4. Stefan Heym und Robert Havemann werden wegen „Devisenvergehen" zu einer Geldstrafe in Höhe von 9 000 bzw. 10 000 Mark verurteilt.
28.6. Die Volkskammer beschließt das dritte Strafrechtsänderungsgesetz, erhebliche Verschärfung des politischen Strafrechts.

Rudolf Bahro (1935–1997) nach seiner Haftentlassung in die Bundesrepublik 1979

Erich Honecker und Helmut Schmidt im Gespräch, Hubertusstock 1981

11.10. Über 20 000 DDR-Strafgefangene werden amnestiert, unter ihnen Rudolf Bahro, der wenig später in die Bundesrepublik ausreist.

1980

1.2. Erich Mielke wird Armeegeneral.
13.10. Die DDR erhöht den Mindestumtauschsatz für Privatbesucher drastisch, es kommt zu einem erheblichen Rückgang der Besucherzahlen.
30.10. Der visafreie Reiseverkehr zwischen der DDR und Polen wird aufgehoben.

1981

10.4. Matthias Domaschk, Mitglied der Jungen Gemeinde in Jena, wird festgenommen und stirbt wenig später in der Untersuchungshaftanstalt Gera des MfS unter ungeklärten Umständen.
11.–16.4. X. Parteitag der SED.
26.6. Hinrichtung von MfS-Hauptmann Werner Teske wegen Fluchtvorbereitung in den Westen (letztes Todesurteil der DDR-Justiz).
11.–13.12. Bundeskanzler Helmut Schmidt reist zu Arbeitsgesprächen mit Erich Honecker in die DDR.
13.12. Verhängung des Kriegsrechts in Polen.

1982

25.1. Der „Berliner Appell – Frieden schaffen ohne Waffen" wird auf Initiative von Pfarrer Rainer Eppelmann veröffentlicht. Eppelmann wird daraufhin kurzzeitig verhaftet.
11.2. Das DDR-Innenministerium erweitert den Katalog „dringender Familienangelegenheiten" für Reisen von DDR-Bürgern in die Bundesrepublik.
14.2. Friedensforum unabhängiger Friedensgruppen in der Kreuzkirche in Dresden.
18.6. Die DDR garantiert Straffreiheit für DDR-Flüchtlinge vor 1980.
1.9. Roland Jahn wird in Jena bei einer Solidaritätsaktion für die polnische Gewerkschaft „Solidarność" festgenommen.
1.10. Regierungswechsel in der Bundesrepublik, Helmut Kohl wird Bundeskanzler.
12.11. Der langjährige Chef des sowjetischen Geheimdienstes KGB Juri Andropow wird Generalsekretär des ZK der KPdSU.

1983

28.4. Erich Honecker sagt einen geplanten Besuch in der Bundesrepublik ab.
12.5. Bundestagsabgeordnete der Grünen demonstrieren auf dem Ostberliner Alexanderplatz für Abrüstung in Ost und West. Sie werden kurzzeitig festgenommen.
8.6. Roland Jahn wird aus der Haft in die Bundesrepublik abgeschoben.

Abbau der Selbstschussanlagen an der innerdeutschen Grenze nordwestlich von Posseck/DDR im Grenzabschnitt Bayreuth, 1984

29.6. Bürgschaft der Bundesregierung für einen vom bayerischen Ministerpräsidenten Franz Josef Strauß (CSU) vermittelten Milliardenkredit an die DDR.
6.10. Erich Honecker kündigt den vollständigen Abbau der Selbstschussanlagen an der innerdeutschen Grenze an.
12.12. Verhaftung von Bärbel Bohley und Ulrike Poppe von der Initiative „Frauen für den Frieden". Nach Protesten werden sie am 24. Januar 1984 freigelassen.

1984

6.4. 35 DDR-Bürger, die vor fünf Wochen in die bundesdeutsche Botschaft in Prag flüchteten, kehren in die DDR zurück, nachdem ihnen die baldige Ausreise in die Bundesrepublik Deutschland zugesichert wurde.
25.6. Die Ständige Vertretung der Bundesrepublik in Ost-Berlin wird vorübergehend „wegen Überfüllung" geschlossen. In der Vertretung halten sich 55 DDR-Bürger auf, die ihre Ausreise erzwingen wollen. Nach Zusicherung von Straffreiheit und baldiger Ausreise verlassen sie die Ständige Vertretung am 5. Juli.
4.9. Honecker sagt seine für Ende September geplante Reise in die Bundesrepublik ab.
30.11. Die DDR baut die letzten Selbstschussanlagen an der innerdeutschen Grenze ab.
31.12. Die DDR-Regierung lässt 1984 40 900 Antragsteller auf „ständige Ausreise" in den Westen übersiedeln.

1985

15.1. Die letzten von insgesamt 168 DDR-Bürgern, die sich seit Oktober in der Prager Botschaft der Bundesrepublik aufgehalten hatten, kehren in die DDR zurück. Eine zügige Bearbeitung ihrer Ausreiseanträge wird ihnen zugesichert.
10.3. Michail Gorbatschow wird in der Sowjetunion zum Staats- und Parteichef gewählt.
19.–21.11. Treffen Gorbatschows mit US-Präsident Reagan in Genf.

1986

9.2. Die DDR erweitert die Reisemöglichkeiten in dringenden Familienangelegenheiten.
17.–21.4. XI. Parteitag der SED in Ost-Berlin, Gorbatschow fordert zur „Selbstkritik" auf.
26.4. Im Atomkraftwerk Tschernobyl bei Kiew explodiert ein Reaktorblock, große Mengen Radioaktivität treten aus.
2.9. Eröffnung der „Umweltbibliothek" in Ost-Berlin.
15.9. Proteste von Greenpeace in Ost-Berlin werden von Sicherheitskräften unterbunden.
6.10. Saarlouis und Eisenhüttenstadt schließen die erste deutsch-deutsche Städtepartnerschaft.
10./11.11. Gipfeltreffen der Warschauer-Pakt-Staaten, Gorbatschow kündigt Liberalisierung der sowjetischen Osteuropapolitik an.

1987

5.3. Der stellvertretende Minister und Leiter der Hauptverwaltung Aufklärung im MfS, Generaloberst Markus Wolf, scheidet aus dem aktiven Dienst aus. Nachfolger wird Generalleutnant Werner Großmann.
10.4. SED-Chefideologe Kurt Hager vergleicht in einem Interview die Perestroika mit einem „Tapetenwechsel", den der „Nachbar" DDR nicht nachahmen muss.
8.6. Am Brandenburger Tor kommt es auf DDR-Seite zu Zusammenstößen zwischen Rockfans und Sicherheitskräften.
17.6. In der DDR wird die Todesstrafe abgeschafft.
5./6.9. Duldung einer ersten nichtoffiziellen Demonstration von unabhängigen Friedensgruppen in Ost-Berlin.
7.–11.9. Erich Honecker reist zu einem offiziellen Arbeitsbesuch in die Bundesrepublik Deutschland.
1.–18.9. Olof-Palme-Friedensmarsch in Ost-Berlin und mehreren Orten der DDR unter Beteiligung unabhängiger Friedensgruppen.
24./25.11. Die Räume der evangelischen Zionsgemeinde in Ost-Berlin werden von Mitarbeitern des Generalstaatsanwaltes und der Staatssicherheit durchsucht. Sieben festgenommene Personen müssen nach Protesten wenige Tage später freigelassen wer-

XI. SED-Parteitag, April 1986: Michail Gorbatschow und Erich Honecker

Demonstranten mit Transparent, Luxemburg-Liebknecht-Demonstration, Januar 1988

den. Es folgen Aktionen gegen oppositionelle Gruppen in weiteren Städten der DDR.

1988

17.1. Anlässlich der Gedenkdemonstration für Rosa Luxemburg und Karl Liebknecht werden über 100 Personen festgenommen, die für die „Freiheit des Andersdenkenden" demonstrieren. Beginn einer Verhaftungs- und Ausbürgerungswelle.

13.2. Verhaftung von Demonstranten in Dresden, die die Einhaltung der Menschenrechte fordern.

3.3. Der evangelische Bischof Leich fordert von Honecker die Eröffnung eines „Dialogs" zwischen SED und Gesellschaft und den Beginn einer Reformpolitik.

18.11. Die deutsche Ausgabe der sowjetischen Monatszeitschrift „Sputnik" wird von der Postzeitungsliste gestrichen. Am 21. November werden fünf antistalinistische sowjetische Filme verboten.

14.12. Die neue DDR-Verordnung über Reise- und Ausreiseangelegenheiten enthält kein generelles Recht auf Reisen.

1989

6.2. Der 20-jährige Chris Gueffroy wird bei einem Fluchtversuch an der Mauer von Grenzsoldaten erschossen (letzter Mauertoter).

7.3. Winfried Freudenberg stürzt mit einem selbstgebauten Ballon bei seiner Flucht nach West-Berlin tödlich ab.

3.4. Der Schießbefehl an der innerdeutschen Grenze wird ausgesetzt.

2.5. Ungarn beginnt mit dem Abbau der Grenzbefestigungen nach Österreich.

7.5. Bei den Kommunalwahlen in der DDR können von Bürgerrechtlern massive Fälschungen nachgewiesen werden.

8.6. Die Volkskammer wertet das Massaker auf dem Pekinger „Platz des Himmlischen Friedens" am 4. Juni als „Niederschlagung einer Konterrevolution".

Ab Juli DDR-Bürger flüchten über Ungarn nach Österreich oder suchen Zuflucht in der Ständigen Vertretung der Bundesrepublik in Ost-Berlin und in den bundesdeutschen Botschaften in Budapest und Prag.

8.8. In Ost-Berlin muss die Ständige Vertretung der Bundesrepublik wegen Überfüllung vorübergehend geschlossen werden.

9./10.9. Das „Neue Forum" veröffentlicht seinen Gründungsaufruf.

19.9. Das „Neue Forum" beantragt seine Zulassung, die wegen „Fehlen der gesellschaftlichen Notwendigkeit" abgelehnt wird.

25.9. Montagsdemonstration in Leipzig mit mehreren tausend Teilnehmern.

30.9. 5 500 DDR-Bürger, die sich in der völlig überfüllten Prager Botschaft befinden, erhalten die Genehmigung zur Ausreise. Sie werden ab dem 4. Oktober mit DDR-Sonderzügen in die Bundesrepublik gebracht.

3.10. Die DDR-Regierung setzt den visafreien Reiseverkehr in die Tschechoslowakei aus.

4.–8.10. In Dresden werden bei Auseinandersetzungen zwischen Ausreisewilligen, Demonstranten und Sicherheitskräften mehr als 1 300 Personen festgenommen.

7./8.10. In Ost-Berlin kommt es im Zusammenhang mit Demonstrationen gegen die Feiern zum 40. Jahrestag der DDR zu zahlreichen Übergriffen von Polizei und Staatssicherheit.

17./18.10. Erich Honecker tritt als SED-Generalsekretär zurück, sein Nachfolger wird Egon Krenz.

21.10. Auf zentralen Dienstbesprechungen im MfS und im MdI wird der Sicherheitsapparat auf die „Wende" verpflichtet.

27.10. Die Aussetzung des Reiseverkehrs in die Tschechoslowakei wird aufgehoben. Für Personen, denen „Republikflucht" vorgeworfen wurde, wird eine Amnestie verkündet.

4.11. Auf dem Alexanderplatz in Ost-Berlin demonstrieren mehr als 500 000 Menschen.

6.11. Erich Mielke gibt an die Dienststellen des MfS in den Bezirken die Weisung, brisantes dienstliches Material zu vernichten oder auszulagern.

7.11. Rücktritt des Ministerrates.

8.11. Rücktritt des Politbüros. Neuwahlen durch das SED-Zentralkomitee.

9.11. In der Nacht zum 10. November passieren die ersten Ostberliner die Grenze nach West-Berlin. Beginn der Maueröffnung.

13.11. Letzter Auftritt Erich Mielkes vor der Volkskammer.

17.11. Die Volkskammer wählt einen neuen Ministerrat. Das MfS wird in Amt für Nationale Sicherheit (AfNS) umbenannt, neuer Leiter wird Generalleutnant Wolfgang Schwanitz, der vorher einer der Stellvertreter Mielkes war.
22.11. Das SED-Politbüro erklärt sich zu Verhandlungen mit Sprechern der Opposition an einem zentralen „Runden Tisch" bereit.
29.11. Der Leiter des AfNS, Schwanitz, setzt eine große Zahl dienstlicher Bestimmungen und Weisungen außer Kraft.
3.12. Erich Mielke wird aus der SED ausgeschlossen.
4./5.12. Aufgebrachte Bürger, die die Vernichtung von Beweismaterial befürchten, beginnen mit der Besetzung von Bezirksämtern und Kreisdienststellen der Staatssicherheit.
5.12. Das Kollegium des AfNS tritt zurück.
7.12. Erich Mielke wird verhaftet und am 9. März 1990 aus gesundheitlichen Gründen entlassen.
14.12. Der Ministerrat beschließt die Auflösung des AfNS und den Aufbau eines Verfassungsschutzes und eines Nachrichtendienstes.

1990

13.1. Der Ministerrat beschließt, dass das AfNS ersatzlos aufgelöst und vor den Wahlen kein „Verfassungsschutz" aufgebaut wird.

Berlin, 3. April 1990. Koalitionsgespräche nach den Volkskammerwahlen zwischen der Allianz für Deutschland, dem Bund Freier Demokraten und der SPD über die künftige Regierung der DDR
Von links:
Rainer Ortleb (BFD),
Peter Michael Diestel (DSU),
Richard Schröder (SPD),
Lothar de Maizière (CDU),
Rainer Eppelmann (DA)

15.1. Aus einer Demonstration vor der Stasizentrale in Berlin-Lichtenberg und einer parallelen Aktion von Vertretern der regionalen Bürgerkomitees entwickelt sich eine Besetzung des Gebäudekomplexes.
8.2. Die Auflösung der Staatssicherheit wird drei zivilen Regierungsbeauftragten unterstellt. Zudem wird ein „Komitee zur Auflösung des ehemaligen AfNS" eingerichtet.
19.2. Der Runde Tisch beschließt die Vernichtung der elektronischen Datenträger der Staatssicherheit.
23.2. Die Arbeitsgruppe Sicherheit des Runden Tisches billigt die Selbstauflösung der HVA.
18.3. Die von der CDU geführte „Allianz für Deutschland" geht als eindeutiger Wahlsieger aus der ersten freien Volkskammerwahl in der DDR hervor.
31.3. Alle Mitarbeiter der Staatssicherheit sind entlassen.
24.8. Die DDR-Volkskammer beschließt das „Gesetz zur Sicherung und Nutzung der personenbezogenen Akten" des MfS.
4.9. Besetzung und Hungerstreik von Bürgerrechtlern in der ehemaligen MfS-Zentrale, nachdem die Verhandlungsführer Krause (CDU) und Schäuble (CDU) das Gesetz nicht in den Einigungsvertrag aufgenommen hatten und der Vertreter des Bundesinnenministeriums Eckart Werthebach sich für eine „differenziertere Vernichtungsregelung" ausgesprochen hatte.
18.9. Per Zusatzklausel zum Einigungsvertrag wird der Auftrag an den Deutschen Bundestag festgeschrieben, ein entsprechendes Gesetz nach den Grundsätzen des DDR-Gesetzes zu schaffen.
3.10. Der Abgeordnete Joachim Gauck (Bündnis 90) wird nach Beschluss der Volkskammer von der Bundesregierung zum Sonderbeauftragten der Bundesregierung für die Unterlagen des Staatssicherheitsdienstes der ehemaligen Deutschen Demokratischen Republik ernannt.

Mit *Fantasie* gegen Stasi und Nasi

Aktionskundgebung: 15. Januar um 17 Uhr

Das Neue Forum Berlin ruft für den 15. Januar 1990 um 17.00 Uhr zur Aktionskundgebung vor dem Stasi-Gebäude Ruschestraße auf.

Wir fordern:

Sofortige Schließung aller Stasi-Einrichtungen
Hausverbot für alle Stasi-Mitarbeiter
Einleitung von Ermittlungsverfahren gegen das MfS
Offenlegung der Befehlsstrukturen zwischen SED und Stasi
Stasi in die Volkswirtschaft
Keine Sonderzahlungen und Privilegien für ehemalige Stasi-Mitarbeiter
Keine Bildung von neuen Geheimdiensten

Schreibt Eure Forderungen an die Mauern der Normannenstraße!
Bringt Farbe und Spraydosen mit!
Wir schließen die Tore der Stasi!
Bringt Kalk und Mauersteine mit!

Mit *Fantasie* und ohne Gewalt

Flugblatt zur Kundgebung am 15. Januar 1990 vor dem Stasi-Gebäude in Berlin, Ruschestraße

Abkürzungen

Abt.	Abteilung
AfNS	Amt für Nationale Sicherheit
ANC	African National Congress
Bl.	Blatt
BStU	Bundesbeauftragter für die Unterlagen des Staatssicherheitsdienstes der ehemaligen Deutschen Demokratischen Republik
BVfS	Bezirksverwaltung für Staatssicherheit
CDU	Christlich-Demokratische Union
ČSSR	Tschechoslowakische Sozialistische Republik
DDR	Deutsche Demokratische Republik
DKP	Deutsche Kommunistische Partei
DVdI	Deutsche Verwaltung des Innern
F/E	Forschung/Entwicklung
FDJ	Freie Deutsche Jugend
Fla-MG	Flugabwehr-Maschinengewehr
GM	Geheimer Mitarbeiter (Vorläufer des IM)
GMS	Gesellschaftlicher Mitarbeiter für Sicherheit
GPU	Russ.: Staatliche Politische Verwaltung
HA	Hauptabteilung
HV	Hauptverwaltung
HV A	Hauptverwaltung Aufklärung
IM	Inoffizieller Mitarbeiter
K 5	Zweig 5 der Kriminalpolizei
Kal.	Kaliber
KGB	Russ.: Komitee für Staatssicherheit
KPD	Kommunistische Partei Deutschlands
KPdSU	Kommunistische Partei der Sowjetunion
KSZE	Konferenz über Sicherheit und Zusammenarbeit in Europa
LDPD	Liberal-Demokratische Partei Deutschlands
LStU	Landesbeauftragter für die Stasi-Unterlagen
MAH	Ministerium für Außenhandel
MdI	Ministerium des Innern
MfS	Ministerium für Staatssicherheit
MGB	Russ.: Ministerium für Staatssicherheit
MWD	Russ.: Ministerium für innere Angelegenheiten
NKGB	Russ.: Volkskommissariat für Staatssicherheit
NKWD	Russ.: Volkskomissariat für innere Angelegenheiten
NSDAP	Nationalsozialistische Deutsche Arbeiterpartei

NSW	Nichtsozialistisches Wirtschaftsgebiet
NVA	Nationale Volksarmee
OAM	Operatives Ausgangsmaterial
OD	Objektdienststelle
OGPU	Russ.: Allrussische staatliche politische Verwaltung
OibE	Offizier im besonderen Einsatz
OPK	Operative Personenkontrolle
OV	Operativer Vorgang
PID	Politisch-ideologische Diversion
POZW	Politisch-operatives Zusammenwirken
PUT	Politische Untergrundtätigkeit
RAF	Rote Armee Fraktion
SAPMO-BArch	Stiftung Archiv der Parteien und Massenorganisationen der DDR beim Bundesarchiv
SBZ	Sowjetische Besatzungszone
SDP	Sozialdemokratische Partei der DDR
SED	Sozialistische Einheitspartei Deutschlands
SEW	Sozialistische Einheitspartei West-Berlins
SMA	Sowjetische Militäradministration
SMAD	Sowjetische Militäradministration in Deutschland
SPD	Sozialdemokratische Partei Deutschlands
SSD	Staatssicherheitsdienst
StPO	Strafprozessordnung
SWAPO	South-West African People's Organisation
Tscheka	Russ.: Außerordentliche Kommission für den Kampf gegen Konterrevolution und Sabotage
UFJ	Untersuchungsausschuß Freiheitlicher Juristen
VEB	Volkseigener Betrieb
VM	Valutamark
VP	Volkspolizei
VPKA	Volkspolizeikreisamt
VPO	Vereinigung politischer Ostflüchtlinge
ZA	Zentralarchiv
ZAIG	Zentrale Auswertungs- und Informationsgruppe
ZAPU	Zimbabwe Africans People's Union
ZK	Zentralkomitee
ZPKK	Zentrale Parteikontrollkommission

Literaturauswahl

Überblickswerke

David Gill/Ulrich Schröter: Das Ministerium für Staatssicherheit. Anatomie des Mielke-Imperiums. Berlin 1991

Karl Wilhelm Fricke: MfS intern. Macht, Strukturen, Auflösung der DDR-Staatssicherheit. Analyse und Dokumentation. Köln 1991

Joachim Gauck: Die Stasi-Akten. Das unheimliche Erbe der DDR. Reinbek 1991

Stefan Wolle: Die heile Welt der Diktatur. Alltag und Herrschaft in der DDR 1971–1989. Bonn und Berlin 1998

Siegfried Suckut (Hrsg.): Das Wörterbuch der Staatssicherheit. Definitionen zur „politisch-operativen Arbeit". Berlin 1996

Einzelne Aspekte

Thomas Auerbach: Vorbereitung auf den Tag X. Die geplanten Isolierungslager des MfS. Hrsg. BStU, Analysen und Berichte 1/95, Berlin 1995*

Thomas Auerbach: Einsatzkommandos an der unsichtbaren Front. Terror- und Sabotagevorbereitungen des MfS gegen die Bundesrepublik Deutschland. Berlin 1999

Torsten Diedrich/Hans Ehlert/Rüdiger Wenzke (Hrsg.): Im Dienste der Partei. Handbuch der bewaffneten Organe der DDR. Berlin 1998

Roger Engelmann/Clemens Vollnhals (Hrsg.): Justiz im Dienste der Parteiherrschaft. Rechtspraxis und Staatssicherheit in der DDR. Berlin 1999

Karl Wilhelm Fricke/Roger Engelmann: „Konzentrierte Schläge". Staatssicherheitsaktionen und politische Prozesse in der DDR 1953 – 1956. Berlin 1998

Hubertus Knabe u.a.: West-Arbeit des MfS. Das Zusammenspiel von „Aufklärung" und „Abwehr". Berlin 1999

Armin Mitter/Stefan Wolle (Hrsg.): Ich liebe euch doch alle! Befehle und Lageberichte des MfS Januar–November 1989. Berlin 1990

Helmut Müller-Enbergs (Hrsg.): Inoffizielle Mitarbeiter des Ministeriums für Staatssicherheit. Richtlinien und Durchführungsbestimmungen. Berlin 1996

Helmut Müller-Enbergs (Hrsg.): Inoffizielle Mitarbeiter des Ministeriums für Staatssicherheit, Teil 2: Anleitungen für die Arbeit mit Agenten, Kundschaftern und Spionen in der Bundesrepublik Deutschland. Berlin 1998

Norman M. Naimark: Die Russen in Deutschland. Die sowjetische Besatzungszone 1945 bis 1949. Berlin 1997

Ehrhart Neubert: Geschichte der Opposition in der DDR 1949 – 1989. 2., erw. Auflage Bonn und Berlin 2000

Wilfriede Otto: Erich Mielke – Biographie. Aufstieg und Fall eines Tschekisten. Berlin 2000

Peter Reif-Spirek/Bodo Ritscher (Hrsg.): Speziallager in der SBZ. Gedenkstätten mit „doppelter Vergangenheit". Berlin 1999

Siegfried Suckut/Walter Süß (Hrsg.): Staatspartei und Staatssicherheit. Zum Verhältnis von SED und MfS. Berlin 1997

Sonja Süß: Politisch mißbraucht? Psychiatrie und Staatssicherheit. Berlin 1998

4. Tätigkeitsbericht des Bundesbeauftragten für die Unterlagen des Staatssicherheitsdienstes der ehemaligen Deutschen Demokratischen Republik. Berlin 1999 (kostenlos)*

Walter Süß: Staatssicherheit am Ende. Warum es den Mächtigen 1989 nicht gelang, eine Revolution zu verhindern. Berlin 1999

Clemens Vollnhals (Hrsg.): Die Kirchenpolitik von SED und Staatssicherheit. Eine Zwischenbilanz. Berlin 1996

Joachim Walther: Sicherungsbereich Literatur. Schriftsteller und Staatssicherheit in der Deutschen Demokratischen Republik. Berlin 1996

Falco Werkentin: Politische Strafjustiz in der Ära Ulbricht. Berlin 1994 u.ö.

Lienhard Wawrzyn: Der Blaue. Das Spitzelsystem der DDR. Berlin 1991

Fallschilderungen

Timothy Garton Ash: Die Akte „Romeo". Persönliche Geschichte. München/Wien 1997

Karl Wilhelm Fricke: Akten-Einsicht: Protokoll einer politischen Verfolgung. Berlin 1995

Jürgen Fuchs: Vernehmungsprotokolle. November 1976 bis September 1977. Reinbek bei Hamburg 1978

Wolfgang Kießling: Partner im „Narrenparadies". Der Freundeskreis um Noel Field und Paul Merker. Berlin 1994

Irena Kukutz/Katja Havemann: Geschützte Quelle. Gespräche mit Monika H. alias Karin Lenz. Berlin 1990

Reiner Kunze: Deckname „Lyrik". Eine Dokumentation. Frankfurt/Main 1990

Erich Loest: Die Stasi war mein Eckermann oder: mein Leben mit der Wanze. Göttingen und Leipzig 1991

Hans-Joachim Schädlich (Hrsg.): Aktenkundig. Berlin 1992

Vera Wollenberger: Virus der Heuchler. Innenansichten aus Stasi-Akten. Berlin 1992

---

* Diese Titel sind gegen Schutzgebühr erhältlich beim Bundesbeauftragten für die Stasi-Unterlagen, Abteilung Bildung und Forschung, Postfach 218, 10106 Berlin, E-Mail: post@bstu.de

Bildnachweis

Archiv für Kunst und Geschichte, Berlin: 110 oben

Associated Press GmbH, Frankfurt a.M.: 92

Peter Boeger, Berlin: Umschlag: Rückseite

Bundesarchiv Koblenz: 16 unten, 19, 24 oben, 28, 30, 38, 95 oben, 105, 107, 108

Bundesbeauftragter für die Unterlagen des Staatssicherheitsdienstes der ehemaligen Deutschen Demokratischen Republik (BStU):
Umschlag: Vorderseite (alle Fotos), 6, 7, 8, 12, 15, 16 oben links, 20, 21 unten, 23, 24, 31, 39, 40, 53, 57, 68, 71, 72, 73, 77, 83, 85, 86, 95 oben, 96, 100, 104 unten, 112 unten, 113 oben, 114 oben, 115

Bundesbildstelle, Bonn: 36, 114 unten

Josef H. Darchinger, Bonn: 111 unten, 112 oben

Deutsche Presse Agentur, Frankfurt a.M.: 56, 67 unten

Deutsch - Russisches Museum, Berlin-Karlshorst: 104 oben

Rainer Dorndeck, Borsdorf/ Leipzig: 103

Forschungs- und Gedenkstätte Normannenstraße, ASTAK e. V., Berlin: 77 (Kühltransporter), 87, 116 oben

Gedenkstätte Berlin-Hohenschönhausen, (Thomas Ernst): 18

Christian Hofmann, Erfurt: 9

Jürgens Ost und Europa Photo, Berlin: 95 unten

Landesbildstelle Berlin: 22, 33, 106

Lilo Nagengast, Berlin: 21 oben

Axel Plagemann, Berlin: 78

Rowohlt Verlag, Pressestelle: 63

Andrea Schicker, efa erfurter foto agentur, Erfurt: 97

Andreas Schoelzel, Berlin-Kreuzberg: 94 oben, 101

Ingmar Segebarth, Dresden: 99 unten

Süddeutscher Verlag/ DIZ München: 49

Thüringer Allgemeine Bildarchiv, Erfurt: 98

Ullstein Bilderdienst, Berlin: 16 oben rechts, 37 oben, 66, 80, 109, 110 unten, 111 oben, 113 unten

Verkehrsmuseum Dresden: 35

Bodo Wegmann, Berlin: 84

Metin Yilmaz, Agentur Paparazzi: 67 oben

ZENIT Bildagentur, Berlin, Foto Paul Langrock: 102

Rolf Zöllner, Berlin: 99

Wir danken allen Lizenzträgern für die freundlich erteilte Abdruckgenehmigung.

In Fällen, in denen es nicht gelang, Rechtsinhaber an Abbildungen zu ermitteln, bleiben Honoraransprüche gewahrt.

Umschlag

Vorderseite:
Großes Foto: Die Zentrale des Ministeriums für Staatssicherheit in Berlin-Lichtenberg an der Frankfurter Allee, angrenzend an Ruschestraße, Normannenstraße und Magdalenenstraße, hinter dem Sportplatz ein weiterer Komplex zwischen Gotlindestraße und Rüdigerstraße.
Kleines Foto links: Armeegeneral Erich Mielke in der Paradeuniform des MfS
Kleines Foto rechts: Abhöranlagen des MfS

Rückseite:
Graffiti an einem Wachhäuschen auf dem Gelände des MfS in Berlin-Lichtenberg nach der Besetzung 1990.